"新丝路"背景下西部地区畜产品加工经济创新发展研究

唐善虎　杨海燕　编著

科学出版社

北　京

内 容 简 介

本书结合"新丝绸之路经济带"建设的全新历史时期,从经济、管理层面对西部地区的畜产品行业尤其是加工行业进行考察,归纳西部地区畜牧产品加工行业的经济特征及其经济设计中的偏误,并引入"新丝路"背景提供的新机会,对这一行业未来发展的思路进行创新性设想。主要内容包括:分析西部地区畜产品加工行业的经济地位与福利影响;对西部地区畜产品加工行业经济特征进行分析;归纳西部地区畜产品加工行业发展的长期瓶颈因素;分析西部地区畜产品加工行业的发展环境与产品竞争力;对新形势下西部地区畜产品行业发展面临的新机会进行分析;对西部地区畜产品加工行业在新形势下如何突破传统思维,破解发展困境提出建议。

本书适合政府相关机构工作人员、高校和研究机构的研究人员以及相关企业管理人员等阅读。

图书在版编目(CIP)数据

"新丝路"背景下西部地区畜产品加工经济创新发展研究/唐善虎,杨海燕编著. —北京:科学出版社,2018.4
ISBN 978—7—03—056781—9

Ⅰ.①新… Ⅱ.①唐… ②杨… Ⅲ.①畜产品—食品加工—加工工业—经济发展—研究—中国 Ⅳ.①F326.5

中国版本图书馆 CIP 数据核字(2018)第 046295 号

责任编辑:张 展 韩雨舟/责任校对:江 茂
责任印制:罗 科/封面设计:墨创文化

科 学 出 版 社 出版
北京东黄城根北街 16 号
邮政编码:100717
http://www.sciencep.com

成都锦瑞印刷有限责任公司印刷
科学出版社发行 各地新华书店经销
*

2018 年 4 月第 一 版 开本:16(787×1092)
2018 年 4 月第一次印刷 印张:6.5
字数:200 千字
定价:88.00 元
(如有印装质量问题,我社负责调换)

前　言

2015 年 3 月 28 日，国家发改委、外交部、商务部联合发布《推动共建丝绸之路经济带和 21 世纪海上丝绸之路的愿景与行动》。在该规划中，我国西北地区的陕西、青海、甘肃、宁夏、新疆以及西南地区的四川、云南、广西、重庆都涵盖在"丝绸之路经济带"内。丝路经济带是在古丝绸之路概念基础上形成的一个新的经济发展区域，东边牵着亚太经济圈，西边系着发达的欧洲经济圈，被认为是"世界上最长、最具有发展潜力的经济大走廊"。丝绸之路经济带构想的提出，将极大改善我国西部地区的发展环境，形成新的对外开放前沿与经济增长极，使得原本一些处于边缘地带的地区逐步上升到重要枢纽地位。

在"丝绸之路经济带"建设的全新历史时期，作为"新丝路"经济带重要节点的西部地区，以其独特的地理位置优势、资源环境优势及民族文化优势，将借助国家战略提供的机遇，实现新的发展和跨越，引领国内各地区经济发展水平逐步趋于均衡。

本书所研究的四川、青海、宁夏、甘肃和新疆等地处于我国五大牧区之中，远离工业污染，生产的牛、羊肉等畜产品是无污染、无公害、纯天然的绿色食品，同时拥有相对独立的生态区域，是发展绿色畜产品基地的最佳区域。虽然这些地区拥有得天独厚的优质畜产资源，但由于历史、地理、自然等多方面的原因，没有充分发挥其经济建设作用和社会影响作用。这些地区畜牧业生产方式落后、产业化集中程度不高、产业链很不健全、产品结构单一、产业创新能力差；产品开发和市场导向及品牌建设意识薄弱，营销技术和市场抗风险能力差。畜牧业增长中的科技进步贡献率、技术应用效率和科技成果转化率远低于内地和国外发达国家。

这些地区畜牧经济的发展，不仅需要技术创新，还需要优化经济布局、提升管理技术，以解决发展中面临的市场开拓、产业布局等管理层面的技术难题。

本书从经济、管理层面对这一区域的畜产品行业，尤其是畜产品加工行业进行考察研究，归纳这一区域畜牧产品加工行业的经济特征及其经济设计中的偏误，并引入"新丝路"背景提供的新机会，对这一行业未来的发展思路进行创新性设想。

本书在编写过程中，参考了国内外大量著作、论文和其他有关资料，主要的参考文献在每章之后列出。由于篇幅有限，部分文献没有列出，在此表示歉意。编者真诚感谢学者们的相关研究提供的启示。

本书是国家科技支撑计划项目《新丝路经济带少数民族地区畜产品优质完全技术与品牌创新模式研究及应用示范》（2015BAD29B02）的阶段性成果。本书的公开出版，得到了国家科技支撑计划科研基金的资助，在此表示感谢。

参与本书写作的有：西南民族大学 2015 级金融学硕士研究生杨阔、西南民族大学

2016 级专门史硕士研究生徐章勇、西南民族大学 2016 级专门史硕士研究生黄连云、兰州大学 2017 级藏学硕士研究生陈舒宁。

由于编者知识和能力的局限，本书难免存在不足之处，敬请读者批评指正。

作者
2018 年 2 月于成都

目　　录

第 1 章　绪　论

1.1　研究背景及意义

丝绸之路经济带，由中国国家主席习近平于 2013 年在哈萨克斯坦纳扎尔巴耶夫大学演讲时提出。2013 年 11 月，中共十八届三中全会通过《中共中央关于全面深化改革若干重大问题的决定》，明确推进丝绸之路经济带建设，以形成全方位开放新格局。

新丝路经济带是在古丝绸之路概念基础上形成的一个新的经济发展区域，东边牵着亚太经济圈，西边系着发达的欧洲经济圈，被认为是"世界上最长、最具有发展潜力的经济大走廊"。

丝绸之路经济带这一构想重新激活了中国和中亚这条古老的贸易通道，将极大改善我国西部地区的发展环境，形成新的对外开放前沿与经济增长极，西部地区的面貌及当地群众的生活水平将再上一个台阶，特别是对沿途的四川、青海、宁夏、甘肃和新疆的经济发展起着巨大的推动作用。

四川、青海、宁夏、甘肃和新疆等地处于我国五大牧区之中，远离工业污染，生产的牛、羊肉等畜产品是无污染、无公害、纯天然的绿色食品，同时拥有相对独立的生态区域，是发展绿色畜产品基地的最佳区域。

项目考察区域畜牧产品加工行业发展提供的优质安全畜牧产品对改善我国居民膳食结构、提高人民健康素质具有重要影响。对我国西部地区而言，畜牧业也是这些地区居民主要的生活资源和经济来源。其中青海多个州市、甘肃的甘南州等以及新疆和宁夏等地区农牧民的畜牧业收入占其全年总收入的 80% 以上。虽然这些地区拥有得天独厚的优质畜产资源，却没有充分发挥其经济建设作用和社会影响作用。

这些地区畜牧业生产方式落后、产业化集中程度不高、产业链很不健全、产品结构单一、产业创新能力差；产品开发和市场导向及品牌建设意识薄弱，营销技术和市场抗风险能力差。由于历史、地理、自然等多方面的原因，这些地区畜牧业增长中的科技进步贡献率、技术应用效率和科技成果转化率远低于内地和国外发达国家。

显然，这些地区畜牧行业的发展，既需要技术创新，又需要优化经济布局、提升管理技术，以解决发展中面临的市场开拓、产业布局等管理层面的技术难题。

本书从经济、管理层面对这一区域的畜产品行业，尤其是加工行业进行考察研究，归纳这一区域畜牧产品加工行业的经济特征及其经济设计中的偏误，并引入"新丝路"背景提供的新机会，对这一行业未来的发展思路进行创新性设想。

1.2　内容框架

本书内容共分为7章。

第1章：绪论。本章主要就本书的研究背景、研究内容、研究方法、研究思路及技术手段、研究不足等进行简要介绍。

第2章：西部地区畜产品加工行业的经济地位与福利影响。本章从西部地区产业体系及结构特征出发，通过对西部地区畜产品在地区产值贡献、就业贡献中的比重，指出西部地区经济发展对这一行业的强依赖性；在对西部地区收入结构、畜产品加工行业发展的产业关联效应进行分析的基础上，指出畜产品加工行业发展对西部地区社会福利、地区贫困消解的重要意义。

第3章：西部地区畜产品加工行业经济特征分析。本章首先以产业规模化特征、空间布局特征和市场结构特征描述西部地区畜产品加工行业的经济特征。其次，运用产业组织理论中的SCP范式，对这一行业进行产业组织分析。

第4章：西部地区畜产品加工行业发展的长期瓶颈因素。本章是在前述关于畜产品加工行业分析的基础上，结合实地调研情况，归纳西部地区畜产品加工行业发展中面临的长期制约因素。主要包括产业发展的内部约束与外部约束。内部约束分析包括从养殖、加工、流通环节进行的产业链分析，以及从生产技术水平考察出发对深加工技术缺失的分析。外部约束分析主要包括市场分析、产业发展规模分析和发展资本分析等方面。其中，市场分析主要包括市场区位、市场容量、市场推广中存在的问题；产业层面分析主要从分散发展导致的规模经济效应缺失切入；资本支持方面，大致估算了资本缺口。

第5章：西部地区畜产品加工行业的发展环境与产品竞争力分析。本章内容包括西部地区畜产品加工行业发展的宏观环境、产业环境分析；并在宏观、中观分析基础上，进入微观视角分析，运用竞争力分析矩阵对这一行业产品的竞争力进行分析。

第6章："新丝路"经济带背景下西部地区畜产品行业发展的新机遇。本章主要对新形势下西部地区畜产品行业发展面临的新机遇进行分析，包括区域发展战略层面、"一带一路"倡议红利以及国内外关注度提升等。

第7章："新丝路"背景下西部地区畜产品加工行业发展新思路。本章在前述分析基础上，提供西部地区畜产品加工行业如何突破传统思维，破解发展困境的方法，主要包括：供应模式的集约化、产业集群发展、生态标识食品发展、外部资本引入等。

1.3　研究方法与研究思路

本书将通过文献查阅，统计数据采集，以西部地区畜牧产品行业尤其是畜牧产品加工行业的实践发展为基础，依托经济学、管理学等学科研究方法，综合运用文献分析法、实地调研法，将定量分析与定性分析相结合，对项目研究区域的畜产品加工行业在国家"一带一路"倡议背景下，如何克服发展中的瓶颈问题，促进西部地区经济社会发展进行研究。

本书研究沿着"文献收集与归纳比较—统计数据分析—厘清概念，定义问题—提炼研究目标—确定研究框架—问题解析—问题解决策略"的思路展开。

研究思路与技术手段如图 1-1 所示。

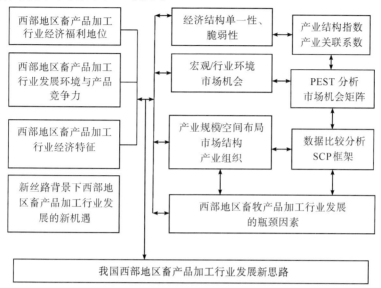

图 1-1　研究思路与技术手段

1.4　可能的创新及不足

"丝绸之路经济带"的建设，将极大改变我国西部地区畜牧产品加工行业发展面临的市场环境，带给这一行业全新的发展机遇。同时，这一发展机遇将在现在和未来不断释放制度红利，也可为西部地区畜牧产品加工行业实现跨越式发展提供持续的政策支持。本书将西部地区畜产品加工行业发展研究，置于这一全新的背景下，从而以更广阔的视角来探讨这一问题。

为了对这一问题进行深入的研究，本书在体系架构、理论运用方面综合了经济学、管理学的相关研究技术，以期能够较为全面和准确地刻画西部地区畜牧产品加工行业发展面临的挑战和机遇，并探讨西部地区畜牧产品加工行业如何利用历史机遇进行创新发展。

由于各种客观条件的限制，尤其是在研究数据获取方面存在不小的困难，致使本书原本设计的某些实证、定量研究没有全部完成。此外，由于研究者能力有限，研究也有不少缺陷，在研究深度方面还有待改进。

第 2 章　西部地区畜产品加工行业的
经济地位与福利影响

2.1　畜产品加工行业的产业地位

2.1.1　西部地区产业体系分析

产业体系是指在国民经济运行的过程中，各产业之间按照一定比例，构成的一个相互联系的整体。具体包含两层含义：其一是产业体系内部之间各产业的构成比例；其二是产业体系作为一个整体所具备的特点[1]。近年来，随着我国"一带一路"倡议的提出和西部大开发战略的不断深入，我国西部地区的产业体系得到了一定的整合与优化，但由于其特殊的区位条件，经济发展起步时间较晚，加之基础设施中的道路交通建设较为落后，导致西部地区产业体系的各项指标都落后于东部沿海地区。因此，发挥西部地区的比较优势和政策优势，突破传统产业体系的约束，构建一个新型现代化的产业体系对于实现西部地区的可持续发展具有重要意义。在党的十八大报告中明确提出，要"着力构建现代产业发展新体系"。这为进一步优化我国西部地区的产业结构体系，指明了发展方向。

1. 西部地区产业体系的演变趋势

产业体系演变的重要内容就是产业结构的变迁。产业结构，也被称为国民经济的部门结构，主要是指在国民经济中各产业部门之间的构成情况。产业结构可以直观地反映出地区经济发展过程中，各产业比重的变化趋势。根据世界各国产业结构变动的一般规律，一个国家的产业结构重心一般由第一产业向第二产业和第三产业依次转移。即第一产业总产值在国内生产总值(GDP)中的占比会逐渐减少，而第二、三产业的生产总值在GDP中的占比会逐渐增加。第二、三产业产值比重越高，则说明产业结构越趋于合理。产业结构的升级，标志着地区内经济发展水平的提高。在 2012 年国家质检总局和国家标准委批准发布的《国民经济行业分类》中，进一步对我国的三大产业进行了明确划分。其中第一产业是指农、林、牧、渔业(不含农、林、牧、渔服务业)；第二产业主要包含采矿业，制造业，电力、热力、燃气及水生产和供应业，建筑业；第三产业为服务业，主要是指除去第一、二产业的其他行业，包含批发零售、交通运输、仓储、餐饮、金融、软件及信息技术等[2]。本书涉及的畜牧业是指从事动物饲养和繁殖、动物生产和加工(包括流通)等。在我国西部地区，畜牧业和农业是居民生产生活的两大重要产业。畜牧产品加工就是对牲畜以及家禽产品的生产原料进行加工，最终使其成为能够提供给消费者安全食用的产品。在实际生产中，大多数畜产都需要经过一定加工，其目的一方面是保证畜产品能够直接被食用；另一方面是通过加工获取更大的经济收益。因此，畜牧产品加工业是横跨第一、二、三产业的全面的行业。畜牧产品加工业目前主要包括肉制品加工、乳制品加工以及其他副产品的加工等。

我国西部地区在能源矿产资源、旅游资源、畜牧草场资源和水能资源等方面具有明显的优势。通过科学技术提升传统产业的附加值，是我国西部地区发展的重要任务。经过改革开放后的快速发展，我国西部地区以农牧经济为主的经济形态已经基本转变，工业化程度不断加深，但总体上产业结构仍处于劣势地位。图 2-1 为 1996～2015 年我国西部地区产业结构的变化趋势。因为畜产品加工行业在西部地区各省（市、区）间分布不均衡，本书研究选取西部地区畜产品加工经济比重较高的内蒙古、新疆、青海、甘肃、西藏、宁夏、四川（主要指"三州"）、广西为例，统计数据包含这些地区。

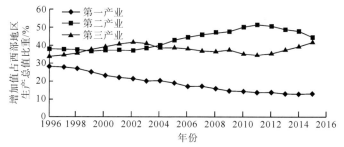

图 2-1　1996～2015 年西部地区产业体系变化趋势

数据来源：国家统计局网站整理(http：//data. stats. gov. cn)

注：地区数据包括内蒙古、广西、甘肃、四川、西藏、青海、宁夏、新疆。

从西部地区产业体系的变化情况来看(图 2-1)：第一产业比重逐渐下降，第二、三产业比重呈上升趋势。我国西部地区产业体系的变化情况，符合配第一克拉克定理，即随着经济的发展，居民收入水平的不断提高，第一产业国民收入和劳动力的相对比重下降；第二产业的国民收入和劳动力的相对比重上升，随着经济的进一步发展，第三产业的国民收入和劳动力的相对比重也开始上升。1996 年我国西部地区第一产业、第二产业和第三产业之间，产值的比例关系为 28.25：37.76：33.99；2015 年三大产业间的产值比例为 12.53：44.77：42.7。相较而言，第一产业产值占总产值比重下降了 15.72 个百分点，第二产业增加了 7.01 个百分点，第三产业增加了 8.71 个百分点。

为了比较西部地区与全国的产业结构变化情况，本书选用产业结构变化值这一指标来衡量地区产业结构的变化情况。计算公式为

$$A = \sum_{i=1}^{n} |x_{it} - x_{i0}| \tag{2-1}$$

其中，A 为产业结构变化情况；x_{it} 为第 i 产业在当期的生产总值占地区生产总值的比重；x_{i0} 为第 i 产业在基期的生产总值占地区生产总值的比重。A 的值越大，代表产业结构的变动幅度越大，反之则越小。根据式（2-1），计算得出 1993～2015 年我国西部地区和全国三次产业的产业结构变化值见图 2-2。

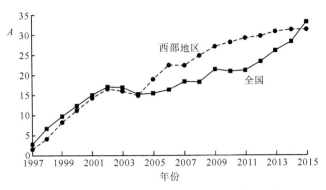

图 2-2　西部地区与全国产业结构变化情况比较

从图 2-2 中可以看出，西部地区的产业结构变化趋势在 2004 年之前与全国的变化趋势基本相同，且在 2004 年之后，我国西部地区产业结构的变化速度加快，明显高于全国整体水平。随着我国西部大开发战略的不断深入，西部地区的产业结构调整速度开始加快。尽管我国西部地区的产业结构发生了较大变化，但在整个产业结构中，农业占 GDP 的比重还是较高[3]。西部地区的产业发展对农牧业的依赖程度较高，且第三产业发展较为落后。综上，现阶段我国西部地区的产业结构发展水平还处于相对的不发达阶段。

2. 西部地区产业发展的结构障碍

近年来，在各种优惠政策的扶持下，我国西部地区的产业结构有了较大变化，第一产业占比不断下降，第二、三产业比重逐年上升。但与国内其他地区相比，西部地区的产业发展仍然存在差距。表 2-1 为 2015 年我国西部地区与东部地区各产业的比重情况。

表 2-1　2015 年我国东部地区与西部地区第一、二、三产业比重情况

地区	省份	地区生产总值/亿元	第一产业比重/%	第二产业比重/%	第三产业比重/%
东部地区	北京	23014.59	0.61	19.74	79.65
	天津	16538.19	1.26	46.58	52.15
	河北	29806.11	11.54	48.27	40.19
	辽宁	28669.02	8.32	45.49	46.19
	上海	25123.45	0.44	31.81	67.76
	江苏	70116.38	5.68	45.70	48.61
	浙江	42886.49	4.27	45.96	49.76
	福建	25979.82	8.15	50.28	41.56
	山东	63002.33	7.90	46.80	45.30
	广东	72812.55	4.59	44.79	50.61
	海南	3702.76	23.08	23.65	53.26

续表

地区	省份	地区生产总值/亿元	第一产业比重/%	第二产业比重/%	第三产业比重/%
西部地区	内蒙古	17831.51	9.07	50.48	40.45
	广西	16803.12	15.27	45.93	38.80
	甘肃	6790.32	14.05	36.74	49.21
	四川	30053.10	12.24	44.08	43.68
	西藏	1026.39	9.55	36.65	53.80
	青海	2417.05	8.64	49.95	41.41
	宁夏	2711.77	8.77	49.46	44.03
	新疆	9324.80	16.72	42.35	40.60

数据来源：2016 年《中国统计年鉴》整理

从表 2-1 中可以看出：首先，我国西部地区经济增长过于依赖第一产业。根据 2016 年国家统计局数据，2015 年我国西部地区第一产业比重高于同期全国平均水平（8.8%），其中以畜牧经济为主的西部地区第一产业比重为 12.53%，比全国平均水平高出 3.73%。其中新疆、广西、甘肃和四川的第一产业比重均超过了 10%。相比之下，我国东部地区（除河北）第一产业比重均低于 8.5%。上海和北京第一产业的比重分别低至 0.44% 和 0.61%。因此，推动西部地区产业结构合理化是当前推动西部地区经济发展的重要任务。依照西部地区的消费需求模式、科技水平、人口因素和资源禀赋，不断调整产业结构，最终实现西部地区资源配置的合理性，促进各产业之间实现协调发展。

其次，我国西部地区第三产业占比较低。2015 年全国第三产业平均占比为 50.2%。而西部地区中除西藏外均低于这一水平。此外，西部地区第三产业还存在着结构性问题，即传统的第三产业比重偏高，新兴服务业比重较低。2015 年我国金融业产值占第三产业产值的比重约为 15.63%，而西部地区这一比重为 14%，低于全国水平。

最后，在经济总量方面，西部地区与东部地区存在着明显差距。生产总值最高的广东省是西藏的 71 倍。东部地区利用其已有的经济优势，发展第二、三产业具有独特的优势。

此外，我国西部地区经济结构的二元性较为突出。二元经济结构在发展中国家较为常见，一般是指以社会化生产为主要特点的城市经济和以小生产经济为主要特点的农村经济并存的经济结构。通常用二元结构指数来判定二元结构水平，公式为

$$dI = \sqrt{\frac{A_g \times A_l}{(100 - A_g) \times (100 - A_l)}} \tag{2-2}$$

其中，dI 为二元结构指数；A_g 为代表第一产业产值比重；A_l 为代表第一产业就业比重。dI 越大代表二元结构程度越高。2015 年全国和西部地区二元结构指数见表 2-2。

表 2-2　2015 年全国和西部地区二元结构指数

地区	第一产业就业比重/%	第一产业产值比重/%	二元结构指数
全国	28.3	8.8	0.20
内蒙古	39.1	9.1	0.25
广西	51.9	15.3	0.44
四川	38.6	12.2	0.30
甘肃	58.02	14.1	0.48
西藏	41.2	9.6	0.27
青海	35.81	8.6	0.23
宁夏	44.2	8.2	0.27
新疆	44.08	16.7	0.40

数据来源：前瞻数据库

　　2015 年，全国二元结构指数平均水平为 0.20，西部地区 8 个省份的二元结构指数都高于全国平均水平，尤其是广西、甘肃和新疆的二元结构指数均超过了 0.40，反映了西部地区经济结构的二元程度较为严重，第一产业的产值和就业比重过高。第二、三产业的发展相对较为落后，同时工业与农业之间的联系较弱，难以形成规模效应。

3. 当前我国西部地区产业体系特征

　　1) 以传统产业为主，经济结构单一

　　传统产业在经济发展中占主导地位，是当前我国西部地区产业体系的重要特征之一。传统产业是指劳动密集型的、以制造加工业为主的行业。其特点是生产技术和设备落后，缺乏先进的科学技术对生产加工进行指导，且劳动生产率低，以经验生产为主。在农业方面，我国西部地区主要种植粮食作物，较少种植收益较高的经济作物，传统农牧业的比重较高，且各地区生产的农产品种类较为单一。产量的波动，极易导致阶段性与结构性供求失衡的状况。此外，我国西部地区经济起步较晚、贫困现象严重、基础设施落后等因素，严重制约了西部地区农业产业化的推进，从而难以形成高附加值的农业产业链。在工业方面，西部地区的工业发展，大多是依靠当地的资源优势开发建立的，其发展速度过度依赖于煤、石油、有色金属等不可再生资源。此外，西部地区的劳动力成本较低，因而西部地区的工业大多是大量使用当地的廉价劳动力，从事低技术含量生产的劳动密集型企业。西部地区的产业大多位于价值链底端，主要表现为从事原材料生产和初级产品加工。技术含量低、附加值低、利用率低是其主要特征。这种粗放的经济发展模式给当地的资源环境造成了严重破坏，再加上监管不到位、法律意识淡薄，长期来看，对西部地区的可持续发展和人民生活水平的提高产生了极大阻碍。服务业方面，西部地区仍然存在着总体规模较小、传统服务业比重较高、现代服务业发展缓慢等问题。

　　2) 畜牧业在西部地区经济中占有重要地位

　　畜牧业作为我国西部地区的基础产业和传统优势产业，在地区经济发展过程中占据着重要的地位。此外，畜牧业收入是西部地区农牧民经营收入的重要来源，与农牧民的脱贫致富有着紧密联系。因此，大力推动西部地区畜牧业的发展不仅是西部地区经济的新增长点，也是实现西部地区精准扶贫的重要渠道。畜牧业经济在我国西部地区具有重要地位。表 2-3 为我国西部地区农林牧渔业产值占地区总产值比重。

表 2-3　2015 年农林牧渔业产值占地区总产值比重　　　　单位：%

地区	农林牧渔业产值比重
全国	9.22
西部地区	12.83
内蒙古	9.21
广西	15.67
四川	12.46
甘肃	14.66
西藏	9.82
青海	8.78
宁夏	8.64
新疆	17.14

数据来源：2016 年《中国统计年鉴》整理

由表 2-3 可以看出，农林牧渔业在我国西部地区总产值中占有较大比重。2015 年我国农林牧渔业产值占国内生产总值的平均水平为 9.22%，而西部地区这一比重为 12.83%，远高于全国平均水平。我国西部地区各省份之间农林牧渔业产值占地区生产总值的比重也有一定差距，广西、四川、甘肃、新疆对农林牧渔业的依赖程度较大；西藏、青海、宁夏则由于地理条件的因素，农林牧渔业发展受到一定限制；新疆虽然农林牧渔业占比较小，但是由于其畜产品加工业较其他地区发展更好，因此也可以将其视为是对畜牧业较为依赖的地区。

综上，畜牧业作为我国西部地区的支柱产业，既是我国西部地区畜产品加工业的重要原料来源，也是我国西部地区居民收入的重要来源。加快推进西部地区畜牧业发展，提升畜产品的附加值，对推动西部地区经济繁荣，提升国民生活水平具有重要意义。

2.1.2　畜产品的地区产值贡献

近年来，由于国家政策对西部地区的大力扶持，我国传统的畜牧业生产方式正在发生积极的变化。标准化、规模化、产业化、区域化是近几年我国畜牧业发展的重要特征。截至 2014 年，我国畜牧业国家级农业产业化龙头企业已达 583 家[5]，畜牧业产业化经营的步伐不断加快。畜牧业产销结合，一、二、三产业融合发展的程度不断加深，畜牧业的发展在我国西部地区的经济发展中的作用日益突出。

1.　西部地区畜牧业生产情况

我国西部地区有占全国国土面积近 30% 的草地，以草食家畜为主的畜牧业，在我国西部地区的经济发展中占有重要地位。西部地区也是我国发展草地畜牧业的主要地区，它的生产情况反映了我国畜牧业的生产状况。加强和发展我国西部地区的畜牧业，对促进这一地区的经济建设具有极其重要的意义。表 2-4 为我国 2005～2015 年西部地区畜牧业主要产品产量。

表 2-4 2005～2015 年西部地区畜牧业主要产品产量 单位:万 t

年份	肉类产量	猪肉产量	牛肉产量	羊肉产量	牛奶产量
2005	1424.69	884.36	151.40	191.58	1029.42
2006	1511.70	920.08	147.93	196.96	1255.09
2007	1378.81	751.41	160.80	205.18	1336.38
2008	1427.56	802.89	159.71	195.91	1294.24
2009	1513.77	862.56	168.22	199.13	1262.25
2010	1568.18	893.94	175.10	205.64	1281.79
2011	1571.00	889.33	173.65	202.60	1300.44
2012	1635.71	920.20	179.72	207.16	1326.73
2013	1671.82	946.13	187.08	211.01	1190.79
2014	1720.10	933.05	194.90	221.71	1249.56
2015	1715.49	944.83	199.67	227.06	1277.51

数据来源:前瞻数据库 http://d. qianzhan. com

注:计算数据包括内蒙古、广西、四川、甘肃、西藏、青海、宁夏、新疆等 8 省区。

根据相关数据整理,目前,我国肉类总产量居世界第一。其中,猪肉产量世界第一、鸡肉屠宰量及产量世界第二、禽蛋类产量世界第一。2015 年中国肉类总产量为 8625 万 t,其中西部地区肉类产量为 1715.49 万 t,占总产量的 19.89%。2015 年我国西部地区猪肉产量为 944.83 万 t,占全国猪肉总产量的 15.15%,比上一年增长 1.27%;牛肉产量为 199.67 万 t,占全国牛肉产量的 28.17%;羊肉产量为 227.06 万 t,占全国羊肉产量的 45.45%;牛奶产量为 1277.51 万 t,占全国牛奶产量的 32.71%。同 2014 年相比,我国西部地区肉类总产量下降了 0.09%;猪肉产量增加了 1.27%;牛肉产量增加了 2.44%;羊肉产量增加了 2.41%;牛奶产量增加了 2.23%。2005 年以来,虽然我国主要畜产品产量呈上升趋势,但是这种趋势正在逐渐放缓,畜产品产量总量将趋于稳定。

从生产效率看,畜牧业作为我国西部地区传统的支柱产业,其生产效率高于全国平均水平。表 2-5 为我国西部地区主要畜产品的人均产量。

表 2-5 2015 年西部地区人均主要畜产品产量 单位:kg

地区	猪牛和羊肉	牛奶
全国	48.3	27.4
内蒙古	86.2	320.3
广西	57.9	2.1
四川	70.3	8.3
甘肃	34.4	15.1
西藏	81.9	93.6
青海	56.9	53.8
宁夏	40.5	205.4
新疆	55.4	66.9

数据来源:2016 年《中国统计年鉴》

从表 2-5 中可以看出，我国西部地区各省份的人均肉制品产量均高于全国平均水平，而牛奶产量，则显示出明显的区域差异。内蒙古、宁夏、西藏、新疆、青海草场资源丰富，是目前我国牛奶生产的中心地区。广西、四川和甘肃则受到自身条件和消费模式的限制，整体的奶制品产量较低。

2. 产值情况

自 2001 年我国开始推行西部大开发战略以来，经过十多年的发展，西部地区的畜牧业产值占农业总产值的比重逐年上升。同时，由于我国人均收入的提升，人们生活水平的提高以及居民对健康的追求，我国畜产品的市场容量正在不断扩大，这些因素为推动畜牧业产业发展，创造了一个较好的外部环境。图 2-3 为我国西部地区 2005～2015 年畜牧业产值及增长情况。

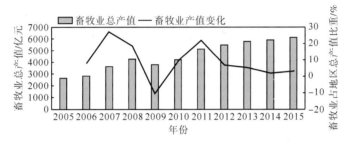

图 2-3　2005～2015 年西部地区畜牧业产值及变化情况

数据来源：前瞻数据库 http：//d. qianzhan. com

由图 2-3 可知，2015 年，我国西部地区畜牧业产值达到了 6102.3 亿元，比 2014 年增长了 3.5%。从我国西部地区畜牧业发展的历史看，2005～2009 年西部地区的畜牧业发展较为迅速，年均增长率达到了 18%；2009 年由于受畜产品价格大幅下降的影响，我国畜产品产值出现了负增长；到 2010 年情况有所好转；2010～2011 年迎来了畜牧业发展的又一个黄金时期，年均增长率超过 20%；2011 年以后畜牧业产值增长率降幅较大，年均增长率为 5% 左右。

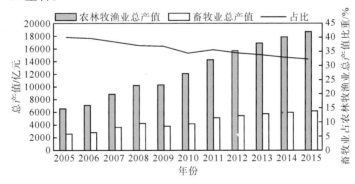

图 2-4　西部地区畜牧业产值占农林牧渔业产值比重

数据来源：2016 年《中国统计年鉴》

图 2-4 展示了我国西部地区 2005～2015 年畜牧业产值的占农林牧渔业产值的比重。整体来看，我国西部地区畜牧业发展较为稳定，畜牧业产值占农林牧渔业产值比重基本

维持在 30％～35％。2008 年达到最大值 36.91％，但在 2008 年以后，畜牧业产值占比整体呈下降趋势，在 2015 年下降到 32.52％。随着我国畜牧业的快速发展和动物产品种类的不断增加，西部地区畜牧业已经进入到深度调整和提升的时期，需要进一步提高畜产品的质量，优化畜产品的产业结构，实现由追求数量向追求质量的转变。

2.2　西部地区畜产品加工行业发展对地区经济福利的影响

2.2.1　西部地区收入水平与收入结构

改革开放以来，我国西部地区经济得到了较快发展，居民的生活水平提升明显。截至 2015 年，我国西部八省区人口总数为 19519 万人，占全国总人口数的 14.2％。其中，城镇人口为 9179 万人，占西部地区总人口的 47.03％；农村人口为 10340 万人，占西部地区总人口的 52.97％。西部地区人口总量大，农村人口比重高，如何增加居民收入，是实现西部地区跨域式发展面临的重要问题。人均可支配收入反映了居民家庭全部收入中可用于支付生活费用的收入，它包括工资性收入、经营净收入、财产净收入和转移净收入。表 2-6 和图 2-5 反映了我国西部地区人均可支配收入及收入来源的构成情况。

表 2-6　2015 年西部地区人均可支配收入及来源　　　　　　　　单位：元

地区	人均可支配收入	工资性收入	经营净收入	财产净收入	转移净收入
内蒙古	22310.0	11992.1	5379.7	1265.9	3672.3
广西	16873.4	8061.4	4056.0	1073.8	3682.2
四川	17221.0	8610.8	3697.8	1073.7	3838.6
甘肃	13466.6	7102.1	2551.8	968.6	2844.1
西藏	12254.3	6227.1	3956.8	498.8	1571.6
青海	15812.7	9191.5	2445.0	802.5	3373.7
宁夏	17329.1	10395.5	3255.8	645.5	3032.3
新疆	16859.1	9107.6	4204.3	676.4	2870.8
西部地区	16510.6	8349.6	4009.1	1104.3	3047.5
全国	21966.1	12459.0	3955.6	1739.6	3811.9

数据来源：2016 年《中国统计年鉴》

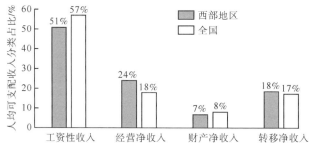

图 2-5　2015 年人均可支配收入来源的构成情况

数据来源：2016 年《中国统计年鉴》

由表 2-6 可以看出，2015 年西部地区人均可支配收入为 16510.6 元，比 2014 年增加了 1476 元，增长率为 9.77%。从西部地区人均可支配收入的构成情况看，工资性收入为 8349.6 元，占 51%，比上一年增长了 11.5%；经营净收入为 4009.1 元，占 24%，比上一年增长了 27.5%；财产净收入为 1104.3 元，占 7%，比上一年增长了 9.7%；转移净收入为 3047.5 元，占 18%，比上一年增长了 8.4%。根据西部地区居民人均可支配收入来源的构成情况，工资性收入是西部地区居民主要的收入来源，且增长较快。近年来由于我国人口红利减少，用工成本不断增加，使得外出务工人员的工资水平快速增长，西部地区各省份又是劳动力输出大省，工资水平的上升直接带动我国西部地区居民工资性收入的大幅增长。但与全国平均水平相比，西部地区无论是绝对值还是相对值，都低于全国平均水平。从相对值的角度看，西部地区工资性收入占人均可支配收入的比重为 51%，全国平均为 57%，而我国东部地区则高于这一比重。与经营净收入相比，工资性收入具有一定的稳定性，不容易受到自然条件的影响。而西部地区的工资性收入占比低于全国平均水平，经营净收入占比高于全国平均水平，反映出我国西部地区居民收入容易受到自然条件的影响，经济的不稳定性较为严重。从绝对值的角度看，2015 年我国人均可支配收入平均水平为 21966.1 元，比西部地区高 5456 元；而全国的平均工资性收入为 12459 元，高于西部地区的工资性收入 4109 元，占全国与西部地区人均可支配收入差距的 75.33%。因此，工资性收入的差距是西部地区人均可支配收入低于全国平均水平的主要因素。而西部地区的工资性收入低于全国平均水平的主要原因，就是我国西部地区的教育水平欠缺、劳动力输出以体力劳动为主、劳动力附加值低。提高西部地区劳动力的技能水平，对提高西部地区居民的收入，改善生产生活条件，具有重要意义。

此外，西部地区居民经营净收入也是其收入的主要来源之一。经营净收入是指居民从事生产经营活动所获得全部收入扣除经营费用、生产性固定资产折旧费用和支付的相关税费之后的净收入。农林牧渔业是我国西部地区的支柱产业，同时也是西部地区经营净收入的主要组成部分。目前西部地区的居民经营净收入高于全国平均水平，且农林牧渔业在我国西部地区具有比较优势。因此，不断推动农林牧渔业在西部地区的发展，延长产业链，提升附加值，对提高西部地区居民收入水平具有重要意义。尤其是当前我国西部地区的农林牧渔业生产尚未达到规模化生产的状态，农户大多处于一种分散的、小规模的经营方式。加快西部地区畜产品加工业的发展，保障居民经营净收入的稳定性，能够有效提高西部地区居民的生活水平。

目前，我国西部地区牧区县牧业总人口数为 377.9 万人，占全国牧区县牧业人口总数的 98.05%；半牧区县牧业人口数为 714.9 万人，占全国半牧区县牧业人口总数的 51.35%。由此可见，西部地区是我国牧业发展中极为重要的部分。根据 2016 年国家畜牧兽医年鉴数据（表 2-7），全国牧区县的人均纯收入为 7800.4 元/人，其中牧业收入为 5133 元/人，牧业收入占人均纯收入的 65.80%。而西部地区的这一比重则为 66.00%，略高于全国平均水平。

半牧区中，全国的人均纯收入为 8154.9 元/人，其中牧业收入为 3284.3 元/人，占人均纯收入的 40.27%；西部地区的人均纯收入为 7583.62 元/人，其中牧业收入为 2808.07 元，占人均纯收入的 37.03%。从西部地区各省情况看，内蒙古、西藏、青海的半牧区县中，收入情况更依赖于牧业收入，特别是西藏、青海两省区，牧业收入比重超过70％，且两地区半牧区县的人均纯收入均远低于全国平均水平；甘肃、新疆两省区的情况则与全国的平均水平大致相当且略高于西部地区的平均水平，但新疆半牧区的人均纯收入较高，而甘肃省半牧区县人均纯收入仅有2923.4元，居民的收入水平有待提升；四川、宁夏两省区半牧区县居民的收入来源的分布情况较好，牧业收入占人均纯收入的20％左右，收入来源的分类占比较为合理。

我国西部地区牧区县的牧业人口数、牧户数及定居牧户数占全国牧区县的95％以上，西部地区半牧区县的牧业人口数、牧户数及定居牧户数占全国半牧区县的40％以上。畜牧业收入是西部地区牧区县、半牧区县牧民收入的重要来源。畜牧业的发展与西部地区经济发展有着密切联系。但我国西部地区各省份之间牧区县、半牧区县的收入存在着较大差距。牧区县人均纯收入最高的内蒙古自治区是最低的西藏自治区的近5倍。因此，因地制宜发展畜牧经济，合理调整农牧民的收入结构，提升西部地区农牧民收入是当前急需解决的问题。

表 2-7　西部地区牧区县、半牧区县畜牧生产情况

类别	地区	牧业人口数/万人	人均纯收入/(元/人)	牧业收入/(元/人)	牧户数/户	定居牧户/户
牧区县	全国	385.4	7800.4	5133.0	1014088	860120
	内蒙古	75.8	11464.9	9160.7	251707	233938
	四川	83.0	7311.7	3420.5	192789	165814
	西藏	32.9	2688.0	1950.0	59330	40563
	甘肃	31.7	6502.1	4460.7	72057	66276
	青海	91.1	6447.7	4865.7	225934	201268
	宁夏	13.9	7812.0	5078.0	49667	45000
	新疆	49.5	9321.6	4743.5	119842	64499
半牧区县	全国	1392.1	8154.9	3284.3	3414568	3088521
	内蒙古	249.1	8802.6	4338.6	659815	657123
	四川	225.5	9072.1	2081.5	527881	491431
	西藏	56.0	2688.0	1950.0	102203	63750
	甘肃	84.7	2923.4	1164.7	137997	116010
	青海	4.5	6760.4	4678.1	11513	10518
	宁夏	59.0	6432.5	1324.1	134961	134961
	新疆	36.1	10387.4	4164.6	92974	56748

资料来源：2016年《中国畜牧兽医年鉴》

2.2.2　畜产品加工行业发展的产业关联效应

畜产品加工业的发展，与我国西部地区经济建设有着密切联系，长期以来，西部地区畜牧业的发展都是社会关注的重要话题。近年来，随着居民生活水平的提高，人们对畜产品的需求量逐年上升，加之国家对西部地区的扶持力度不断加大，其畜产品加工业呈现出良好的发展态势。因此，对畜产品的不断开发，带动西部地区相关产业的发展，建立一个完整的畜牧业产业链，是推动我国西部地区经济增长的一个重要手段。不过，正是由于畜牧业与很多产业之间存在着密切联系，一旦它的发展出现波动，就会对很多关联产业产生影响。因此，把握这些产业之间的关联，对促进西部地区畜牧业发展具有重要意义。

1. 产业关联效应定义

产业关联效应是指某一产业因自身的发展影响其他相关产业变化的作用效果，其实质是各产业之间供需变化的关系。具体可以分为产业向前关联效应和产业向后关联效应。

后向关联效应是指产业变动对其上游产业发展产生的影响，即通过该产业的需求效应与其他产业部门产生的关联。具体说来，就是随着某一产业生产技术的不断升级，其对生产要素的种类、数量与质量的需求也会随之发生相应的变化，进而影响其上游产业的生产状况。向前关联效应是指产业变动对其现有产业发展产生的影响，即通过该产业的供给关系与其他产业部门产生的联系。总之，产业的关联带动作用能够有效地促进地区经济的快速发展，是产业转移的一个极其重要的功能[6]。

2. 产业关联效应充分发挥的条件

产业关联效应在西部地区的充分发挥需要满足以下条件。

(1)部门间技术相互配套。各产业之间要充分发挥关联效应，需要该产业所在的上下游要素生产商，在技术上、水平上基本保持一致，如果二者之间在技术层次上存在较大差距，那只有靠进口来弥补这种"技术缺口"，关联效应就会发生外溢[7]。现代的工业化国家，由于内部各部门技术水平发展较为均衡，因此对生产要素的进口依赖程度较低，能够较好地发挥产业之间的关联效应。而对于工业化尚处在起步阶段的发展中国家而言，其中间产品的生产，无论是数量还是质量，都难以满足最终产品的要求，因此只能依靠进口关键设备或必要的中间产品来维持生产，产业关联效应无法带动相关产业全面发展，由此产生了关联效应的外溢。要最大限度地减少关联效应的外溢，就必须重视对相关产业上下游产品技术水平的培育与扶持。

(2)产业间规模相互配套。规模配套强调的是产业之间供给与需求数量之间的关系。在一国经济中，新兴产业往往具有较好的发展前景，在资金和政策的推动下，能够实现较高的增长速度。而这种高速的增长必然会引起相关的原材料等生产要素需求量的激增，如果此时上下游企业的产出能力不能满足其发展需要，就会产生"规模缺口"，最终造成关联效应的外溢。

(3)产业间管理能力相互配套。工业结构升级过程表现为整个工业在技术能力、营销能力以及管理能力等各方面的循序渐进、不断提高。技术引进初期，新技术对国内产业最迫切的需求是技术能力的配套，包括技术和人才两个方面，但随着新产品的不断涌现，适应于新产品的营销能力和生产能力、管理能力会逐渐成为产业急需的下游产品[8]。

综上，如果产业间的发展不能够完全满足发展需要，那么，产业的关联效应就会产生"外溢"。生产要素无法在国内市场得到满足，这些产业就需要在国际市场上寻求必要的生产要素，这样不仅对本地的上下游企业没有带动作用，还会增加国内市场的竞争，甚至国外产品会垄断国内市场。由此产生工业化的产业效应不断外溢，工业化国家享受了发展中国家工业化带来的发展机会。此外，新兴产业对外依存度较高，由于"技术缺口"和"规模缺口"的存在，导致工业化发展所必需的关键设备与核心技术的进口量居高不下，客观上制约了本地企业的发展，进而影响本地产业链的发展。

3. 畜产品加工业各关联产业的现状

投入产出模型是分析产业关联的有效方法，已经被广泛应用于经济研究中。本章以《2012 年中国投入产出表》中的数据为基础，用投入产出模型对中国畜产品加工业的产业关联效应进行分析，以期为中国畜产品加工业的健康发展提供一定参考。

1) 向后关联情况

畜产品加工业从某产业购买产品或服务进行生产，则该产业称为畜产品加工业的后向关联产业，直接消耗系数代表其关联程度。直接消耗系数是指某一产品部门，在生产经营中单位总产出直接消耗的各产业的产品或服务的数量，其计算公式为

$$A_{ij} = \frac{X_{ij}}{X_j}(i,\ j=1,\ 2,\ \cdots,\ n) \tag{2-3}$$

其中，A_{ij} 为直接消耗系数；X_j 为第 j 行业的总投入；X_{ij} 为第 j 行业生产经营中所消耗的第 i 行业产品和服务的数量。A_{ij} 数值越大，说明第 j 部门对第 i 部门的直接依赖性越强；A_{ij} 数值越小，说明第 j 部门对第 i 部门的直接依赖性越弱；若 $A_{ij}=0$ 则说明两部门之间没有直接的依赖关系。

某产业与畜产品加工行业的关联系数为 A，所有产业对畜产品加工业的直接消耗系数均值为 K，标准差为 σ。当 $A<K$ 时，则说明该行业与畜产品加工行业的消耗系数小于所有行业的平均水平，则认为二者无密切关联；当 $K<A<(K+\sigma)$ 时，则认为该产业与畜产品加工业有较密切的关联；若 $A>(K+\sigma)$，则认为二者有密切关联。本章以屠宰及肉类加工业的有关数据，代替畜产品加工业的数据。表 2-8 为我国屠宰及肉类加工业主要向后关联产业。

表 2-8　屠宰及肉类加工业主要向后关联产业

向后关联产业	消耗系数	关联程度
农产品	0.0151004	密切
畜牧产品	0.6013413	密切
屠宰及肉类加工品	0.1607871	密切
其他食品	0.0318242	密切
批发和零售	0.0833266	密切
铁路运输	0.0133676	密切
道路运输	0.0226022	密切
水上运输	0.0073220	较密切
塑料制品	0.0084666	较密切

数据来源：根据《2012 年中国投入产出》中消耗系数整理计算得出

根据《2012 年中国投入产出表》的消耗系数表，在我国 139 个产业部门中有 110 个

产业部门与畜产品加工业有关联，其中密切关联的产业部门有 7 个，关联较为密切的产业部门有 2 个。一方面，畜产品加工业的发展需要这些行业较多的投入；另一方面，畜产品加工业又能对这些产业产生较强的拉动作用。

在畜产品加工业的向后关联产业中，对畜牧业的依赖程度最大，加之当前阶段畜牧业是我国西部地区居民收入的重要来源。因此，大力发展畜产品加工业对于提高西部地区居民收入，实现小康社会具有促进作用。但是，当前我国畜产品加工业对西部地区畜牧业带动的关联效应却不尽如人意，一方面，我国西部地区畜牧业产量难以满足畜产品加工业发展的需求，产生了"规模缺口"；另一方面，我国西部地区畜产品加工业技术较为落后，产生了"技术缺口"。西部地区畜产品加工企业为了获得更高的市场份额，需要稳定的、规模化和专业化的原材料获得渠道，以保证生产加工的可持续性。同时，西部地区畜产品加工行业还需要不断提高生产线的技术水平。但是，当前我国西部地区畜产品加工行业的原材料供给体系还没有完全建成，而且缺少技术上的管理和服务。如家鸡的养殖现在在西部很多地区已初具规模，但是农技员的配备、养鸡棚的卫生状况和关于家鸡的一些常见疾病的防范措施等意识不够，还没有完善合理的机制。出现这种情况的另一个原因就是畜产品加工业本身在技术设备方面的科技含量不够高，自身尚不能实现规模化、产业化，资源综合利用的效率就低，因而对畜牧业的带动能力就比较低，导致畜牧业的产业化进程较慢。尽管近几年在国家相关政策的支持下，西部地区的畜产品加工业也引进了一些加工设备，但是整体水平与内地以及发达国家相比仍然存在较大差距。一方面是由于西部地区机械化水平整体偏低；另一方面是西部地区存在对进口的先进设备无法充分利用的现象，在使用先进生产设备的生产过程中，西部地区由于难以供给先进设备所需的配套设施，导致先进设备的生产效率始终无法提升。设备和生产线使用效率偏低，加上畜牧产品对时效性的要求较高，共同导致了西部地区丰富的畜牧产品资源难以充分的开发利用，因此不能顺利、有效地带动西部地区的畜牧业实现产业化。资源的充分利用受限直接制约着产业间关联效应的发挥。当前我国西部地区畜牧业发展呈现出生产力水平低、资金投入量少、科技发展落后、基础设施薄弱等诸多问题，保证畜牧业产品的质与量是避免畜产品加工业产生"技术缺口"和"规模缺口"的关键。

通过表 2-8 中的数据可以看出，我国畜产品加工业的发展对道路交通较为依赖。畜产品的时效性，要求其在未经加工前，必须要有专业的运输工具和冷藏保鲜技术。因此，畜产品的交通运输成本较高。畜产品加工企业属于原材料指向型企业，在选择工厂位置时，主要依据当地的畜产品产量而定。而我国西部地区是畜产品的重要生产地区，在西部地区发展畜产品加工业，能够有效地减少畜产品加工企业的运输成本。完善我国西部地区的交通运输条件，能够有效推动西部地区畜产品加工业的发展。

2）向前关联情况

本章参考郝永红计算产业关联的方法，采用分配系数来反映畜产品加工业的向前关联情况。分配系数是指国民经济各部门提供的货物和服务（包括进口）在中间使用和最终使用之间的分配比例[9]。其公式为

$$H_{ij} = \frac{X_{ij}}{X_i + M_i} \quad (i, \ j = 1, 2, \cdots, n) \tag{2-4}$$

其中，H_{ij}为分配系数；X_{ij}为进口量；$X_i + M_i$为i部门货物或服务的总供给量。根据《2012年中国投入产出表》中相关数据，计算得到各部门对畜产品加工业的分配系数，结果见表2-9。

表 2-9　畜产品加工业向前关联产业

直接向前关联产业	分配系数	关联程度
饲料加工品	0.014657	密切
屠宰及肉类加工品	0.277587	密切
方便食品	0.024565	密切
调味品、发酵制品	0.010998	密切
其他食品	0.056617	密切
皮革、毛皮、羽毛及其制品	0.171884	密切
日用化学产品	0.013308	密切
仓储	0.013822	密切
住宿	0.016913	密切
餐饮	0.247813	密切
蔬菜、水果和其他农副食品加工品	0.007901	较密切
医药制品	0.007403	较密切

数据来源：根据式(2-4)计算得出

根据表2-9中的分配系数可以看出，我国畜产品加工业的向前关联产业主要以销售为主。销售就是将加工后的畜产品直接或间接地通过市场实现货币交换，使畜产品最终进入消费环节。畜产品的最终用户是成千上万的消费者，因此，畜产品最终要通过大型批发市场、超级市场或其他零售机构(商店、饭店、餐馆等)才能进入消费领域。而目前我国零售业的发展已较前几年有了一个很大的提升，在地级市及其以上的行政区内大型超市的数量很多都超过了合理容量，在乡镇一级的行政区内，大型超市已在逐步入驻，而且中小型零售超市已经随处可见。所以只要畜产品和销售市场终端有效链接，畜产品进入消费领域基本上没有什么障碍。

畜产品加工业上接畜牧业，下连畜产品的储存、销售等第三产业。产业链长、关联度高、带动能力强，可辐射城乡经济。西部地区虽然有着类似于伊利、蒙牛等一批畜产品加工的龙头企业，并形成了相应的包含产、加、销各环节，牧工商各领域，龙头、基地、牧户各参与主体的产业链；但大部分畜产品加工业企业规模小，地域分散，企业和牧户的利益联结机制不合理，生产和销售相脱节，没有形成牧工商一体化，没有形成产业集群。对相关的饲料产业以及后续的物流配送运输业、产品包装业、餐饮业等的带动能力不强，产业链比较短，对牧工产业结构调整和牧民收入增加具有一定的制约作用[10]。

为了实现西部地区畜牧产品加工企业的做大做强，可以进一步延伸现有的产业链。向后延伸方面，根据现有西部地区畜牧业依赖自然资源的发展模式，可以将产业链延伸到种植业，着力发展饲料种植，进而形成畜牧业养殖基地。这样既能有效保障畜牧业基地饲料的充足供应，又能通过草场培育提升饲料的产量与质量，减少由于气候变化带来的饲料的质与量的波动，进而为畜牧业的持续增长提供全面的保障。向前延伸方面，主要是针对加工后的畜产品与有关第三产业的结合。如积极开展物流配送、加强冷藏保鲜技术的开发与研究以及加强与零售业的合作等。西部地区畜牧产品加工企业通过积极开展与上下游产业的合作，能够为自身的持续发展打下坚实基础。

2.2.3　地区贫困消解手段

1. 西部地区贫困现状

贫困是一个历史的、地域的概念，在不同的经济社会条件下，人们对贫困有着不同的认识[11]。西部地区的贫困问题，一直制约着西部地区的经济发展。根据国家民委经济发展司 2016 年公布的数据：2015 年，西部八省区农村贫困人口约为 1813 万人，比上一年减少了 392 万人；西部八省区农村贫困人口占全国农村贫困人口总数的比重为 32.5%，比上年增加了 1.1 个百分点；2015 年西部民族地区的减贫率为 17.8%，而全国同期的减贫率为 20.6%，西部民族地区的减贫速度低于全国；西部民族地区农村贫困人口占乡村人口比重为 12.1%，比全国平均水平高 6.4 个百分点。可以看出，我国贫困地区过度集中在西部民族地区，绝对贫困和相对贫困并存的情况十分突出。西部地区的扶贫开发，是一项党和国家高度重视的工作，关系到党的民族政策的落实，关系到民族团结、边防巩固，关系到国家的社会稳定和可持续发展，其意义重大。

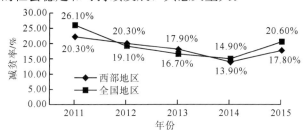

图 2-6　西部地区与全国减贫率比较

数据来源：作者根据 2016 年《中国统计年鉴》整理

注：西部民族地区数据包括内蒙、广西、四川、甘肃、西藏、青海、宁夏、新疆等八省区。

从图 2-6 可以看出，就西部地区和全国减贫率来说，2011～2015 年整体上西部地区和全国每年的减贫率均呈下降趋势，且西部地区减贫率略低于全国减贫率。其中，2012 年和 2013 年西部地区减贫率比全国当年的减贫率高出约 1 个百分点。而在另外三年里，西部地区的减贫率均低于全国当年的减贫率，其中 2011 年低于全国 3.8 个百分点，2014 年低于全国 1 个百分点，2015 年低于全国 2.8 个百分点。但西部地区减贫率和全国减贫率的差距整体是减少的趋势。由此可见，西部地区的减贫工作对于全国减贫工作来说进展相对缓慢，其减贫速度仍有提升空间。由于西部地区贫困人口众多，且致贫原因多而杂，因此减贫工作推进困难也是情理之中。当然，也应看到国家在政策上向西部地区倾斜收到了一定效果，政策上的支持是西部地区扶贫脱贫工作的重要推进力。

2010～2015 年，西部地区农村贫困人口数占全国农村贫困总人口数的比重基本保持在 30% 以上，而同期农村人口仅占全国农村人口的 17% 左右（表 2-10）。从减贫情况来看，2010～2015 年西部地区减贫率分别为 22.3％、20.3％、17.9％、13.0％、17.8％，全国同期的减贫率分别为 26.1％、19.1％、16.7％、14.9％、20.6％。不难发现，前四年西部地区与全国的减贫率都呈下降趋势，到 2015 年减贫速度加快，这反映出在打赢脱贫攻坚战的扶贫开发新阶段，国家对西部地区扶贫投入力度的加强。

表 2-10　西部地区与全国贫困人口及贫困发生率

指标	2010 年	2011 年	2012 年	2013 年	2014 年	2015 年
贫困标准/万人	2300	2536	2625	2736	2800	2855
西部地区贫困人口/万人	5040	3917	3121	2562	2205	1813
全国贫困人口/万人	16567	12238	9899	8249	7017	5575
西部地区贫困人口占全国比重/％	30.4	32.0	31.5	31.1	31.4	32.5
西部地区贫困发生率/％	34.1	26.5	20.8	17.1	14.7	12.1
全国贫困发生率/％	17.2	12.7	10.2	8.5	7.2	5.7

数据来源：作者根据 2016 年《中国统计年鉴》整理

此外，由于我国西部地区的历史和自然原因，导致"困难群众多，群众困难多，贫困程度深，脱贫任务重"的现象。2015 年滇、桂、黔三省区贫困人口为 1430 万人，占西部地区贫困总人口的 79％。近两年，西部地区的脱贫速度低于全国平均速度，进一步说明我国西部地区的脱贫攻坚难度越来越大。因此，因地制宜发展西部地区优势产业，提升产业链附加值，对于推动西部地区贫困居民进入小康社会具有重要意义。

2. 产业扶贫是消除贫困的重要手段

中国是最大的发展中国家，一直是世界减贫事业的积极倡导者和有力推动者。在消除贫困的进程中，政府相关部门坚持开发式扶贫的方针，把发展作为解决贫困的根本途径，既扶贫又扶志，充分发挥其主体作用[12]。同时坚持中国的制度优势和群众优势，构建了政府、社会、市场协同推进的大扶贫格局，形成了多元化的社会扶贫体系。

随着我国精准扶贫战略的不断推进，政府所采取的各种扶贫措施已经有了较大发展，从最初的救济式扶贫不断向开发式扶贫演进。新中国成立之初，由于贫困人口的数量巨大，国家的财政扶持能力有限，广大农村普遍面临着生存性贫困问题。因此，这一时期的反贫困战略主要是小规模的物质扶贫，即依托自上而下的民政救济系统，对边远落后地区等贫困人口进行生活救济。这种"输血式"的扶贫方式，一定程度上保障了贫困人口的临界生存问题，但并不能从根本上摆脱贫困。1986 年我国成立了专门的扶贫机构——国务院贫困地区经济开发领导小组，在逐渐明确具体扶贫对象的过程中，确立了救济式扶贫和开发式扶贫两种模式。前者可以称为"输血"式扶贫模式，后者则可以对应地称为"造血"式扶贫模式。政府相关部门根据这两种扶贫模式，依托贫困地区资源开发、基础设施建设和重点项目带动，采取整村推进、劳动力培训、产业化扶贫等措施，有效增强了贫困地区的自我发展和自我脱贫能力。"输血"式扶贫模式救济难以保障有温饱问题的绝对贫困人口，"造血"式扶贫模式帮扶能够解决最根本的生存问题，对于相对贫困人口的扶贫还是一项艰巨的任务。

"造血"式扶贫中，最有效的途径就是因地制宜实施产业扶贫策略。产业扶贫是当前最有效的扶贫方式之一，结合当地的区位优势和资源优势，发展相关的乡村工业产业，能够快速改变贫困面貌，使贫困人口迅速脱贫。

3. 西部地区畜牧业的扶贫功能

中共中央、国务院 2011 年 12 月印发的《中国农村扶贫开发纲要（2011—2020 年）》中，要求新时期的扶贫工作要更加注重"扶贫对象的自我发展能力"，鼓励贫困群体通过自身的努力实现脱贫致富的目标。其中还提出：要因地制宜发展特色产业，不断加强对贫困地区农、林、牧、渔业的科学指导，合理利用当地的资源优势，合理调整产业结构，增强贫困地区经济发展的内生动力，力争 2020 年初步构建特色产业体系。

畜牧业作为我国西部地区传统的优势产业和少数民族地区经济发展的支柱产业，对实现我国西部地区贫困群体的脱贫致富具有重要作用。因此，通过推动畜牧业发展实现西部地区脱贫致富，是目前脱贫工作的重要切入点和主要手段。根据我国西部地区的资源禀赋和区位条件等生产要素，生态畜牧业是目前畜牧业扶贫的主要模式。

生态畜牧业是指利用生态系统的有关原理，以发展畜牧业养殖为主要支撑，同时发展农、林、草等行业，并利用现代科学技术，合理构建系统的农牧业产业体系。生态畜牧业包括农牧产品的生态养殖业、畜产品加工业以及废弃物的无害化处理业。与大规模养殖相比，生态畜牧业具有以下优点：首先，生态畜牧业对环境的危害较小。由于生态畜牧业养殖的规模较小，因此产生的废弃物总量也相对较小，对环境产生的影响也在可控范围之内。其次，通过农牧业的结合，充分利用自然资源，实现生态循环。养殖业能够为种植业提供有机肥料，而种植业又能为养殖业提供饲料来源，二者相辅相成，在实现畜牧业可持续发展的同时，降低了农牧民的生产成本，为其增产增收提供了有力保障。

目前，生态畜牧业是我国农业领域贯彻落实科学发展观的集中体现，也是我国重要的战略性新型产业。生态畜牧业与生态种植业、生态畜产品加工业密切相联，同时也将生态环保的理念在整个产业链内进行推广应用。生态畜牧业不是对产业畜牧业的否定，而是畜牧业产业化的升级。一方面，生态畜牧业符合我国经济发展的趋势。在党的十八大报告中，生态文明建设已经上升到了国家级战略层面，畜牧业的生态化发展则体现出未来我国农业发展的大势所趋。生态养殖，能够有效提升农牧产品的经济价值，显著提升西部地区农牧民的收入水平，从而实现其扶贫功能。另一方面，生态畜牧产品在当前的市场上具有广阔的空间。随着人均收入水平的提高，人们日益开始关注产品的质量问题。我国居民对畜产品的需求正处于由数量向质量转型的关键时期，市场中对生态畜产品的需求量将会日益增加，这种转型升级完成后，生态畜产品将会成为居民消费的主要选择。西部地区作为我国主要的低收入地区，增加西部地区居民收入是摆脱贫困的关键。目前市场中生态畜产品的价值是普通产品的 1~3 倍，发展生态畜牧业提高农牧产品的附加值，可以有效地提升西部地区农牧民的收入水平，收入的增加又能够扩大产业的规模，最终实现收入就业的双向增加。

畜牧业是我国西部地区经济发展的支柱产业，是农牧民增收的主要来源。畜牧业的发展，对推进现代畜牧业和社会主义新农村建设起着重要的作用。我国西部地区大多处于山区，以畜禽养殖为主要的农业发展形式。2015 年，在政府推广的扶贫政策下，西部地区开始重点发展优势养殖项目。首先，西部地区具有良好的气候环境，有利于畜牧业的管理和控制。对基层畜牧业进行扶持，能够有效发挥生态环境优势，发展生态畜牧业。同时发挥当地畜牧业集团的带头作用，使养殖户与当地的相关企业建立沟通，促进基层畜牧业向产业化方向发展，推进优势产业链建设，以促进基层畜牧业的可持续健康发展。

参考文献

[1]汪立峰. 我国民族地区构建现代产业体系研究[J]. 贵州民族研究，2014(12)：135-140.

[2]国家统计局. GB/T4754-2011，国民经济行业分类[S]. 北京：中国标准出版社，2012.

[3]杨霞，单德朋. 转型期中国民族地区产业结构与就业结构演化实证研究[J]. 经济问题探索，2013(2)：93-99.

[4]杜伟，张异香. 城乡二元社会结构探析[J]. 山西财经大学学报，2010(2)：40-43.

[5]高云才. 畜牧业总产值已超 2.9 万亿元[N]. 人民日报，2015-6-15.

[6]陈寒. 皖江城市带承接产业转移研究[D]. 合肥：安徽大学，2011.

[7]乔翠霞. 技术引进推动工业结构升级的机理分析[J]. 中国集体经济，2008(18)：44-45.

[8]蓝玲，胡炜，易法敏. 产业共性技术创新与区域产业升级[J]. 科技管理研究，2009(7)：282-284.

[9]郝永红，钱贵霞. 中国畜牧业产业关联和产业波及效应分析[J]. 内蒙古农业大学学报(社会科学版)，2012(5)：64-66.

[9]张晓娅. 内蒙古畜产品加工业发展研究[D]. 呼和浩特：内蒙古大学，2009.

[10]王维红，赵晓康. 论"贫困"统计指标体系的构建[J]. 上海统计，2002(1)：25-28.

[11]朱宛玲. 习近平强调未来五年中国全面消除贫困人口[EB/OL]. http：//gb. cri. cn/42071/2015/10/16/8011s5135103. htm[2017-7-25].

第3章 西部地区畜产品加工行业的经济特征

3.1 产业特征分析

随着我国畜牧业产业化进程的加快,西部地区的畜牧产品加工行业也实现了突飞猛进的发展。但在强调绿色经济的今天,畜牧产品加工行业在对各种资源的利用效率上亟待提升,西部地区的经济依旧存在着巨大的发展潜力。为了进一步推动西部地区的发展,有必要对作为西部地区支柱产业的畜牧产品加工业的产业特征进行分析,以便在区域内部实现资源的合理配置,进而充分发展西部地区畜牧业经济发展的潜在优势。

3.1.1 规模化特征

随着我国经济的快速发展,我国产业正朝着多元化方向迅速迈进。传统的农林牧渔业经过较长时间的发展,技术、流程等方面都趋于稳定。因此,为了实现行业的进一步发展,需要不断完善自身的产业链和销售链。通过对西部地区畜牧产品加工行业特征的研究,在提升对西部地区传统行业发展认识的同时,还能够找出现阶段存在的问题,对进一步推动我国西部地区畜牧产业发展起到积极的作用。

规模经济(economies of scale)是指企业通过扩大生产规模,提高生产能力,而产生经济效益增加的现象,主要反映了生产资料集中程度与收益的关系。规模经济主要表现为平均成本的下降,即随着企业规模的扩张与产量的提升,均摊在每一单位产品上的固定成本下降,进而在长期引起的平均总成本下降。畜牧产品加工行业能够有效提升畜牧产品附加值,是支撑饲料、医药、养殖、加工等行业发展的重要支柱,是增加西部地区就业岗位的主要途径。为巩固畜牧业在西部地区的经济支柱地位,必须加快我国畜牧产品加工业的发展。

在现有研究中,关于畜牧产品加工行业规模效应的研究十分有限,学术界基本观点认为畜牧产品加工行业具备规模经济的特征。但在我国西部地区,畜产品加工行业尚不能充分利用规模经济所带来的优势。孟祥林和张悦想分析了我国乌盟地区不同产权的农畜产品加工企业的生产潜力与发展趋势,认为民营企业的生产规模会逐渐扩大,而非民营企业的规模会逐渐缩小。通过对农牧产业的进一步研究,他们认为农牧加工企业和贸易公司资产规模的增加使这类公司利用资源的效率显著提升。因此,在规模经济的作用下,资金投入越多产出效率也会越高,皮毛加工类企业的规模效应更加明显[1]。李蓉等认为,政府应该加大投入力度,对带动地区经济发展的名、特、优畜产品加工龙头企业予以重点扶持,使其充分发挥龙头企业的带头作用[2]。表3-1~表3-3分别为全国及西部地区猪、牛、羊规模化饲养情况。

表 3-1　2015 年各地区生猪饲养规模场(户)数情况　　　　　　单位:个

地区	年出栏1~99头(户)数	年出栏100~999头场(户)数	年出栏1000~2999头场(户)数	年出栏3000~4999头场(户)数	年出栏5000~9999头场(户)数	年出栏10000头以上
全国	45535551	932909	65171	13404	7821	4649
内蒙古	934959	8716	511	89	29	17
广西	2334036	26948	2160	511	247	148
四川	6986693	69060	3717	737	355	252
西藏	10175	15	3	0	0	1
甘肃	1439732	12473	584	147	57	24
青海	264143	505	40	6	9	5
宁夏	192634	2295	139	16	9	3
新疆	39537	6845	665	146	120	80

资料来源：2016 年《中国畜牧兽医年鉴》

表 3-2　2015 年各地区肉牛饲养规模场(户)数情况　　　　　　单位:个

地区	年出栏1~9头场(户)数	年出栏10~49头场(户)数	年出栏50~99头场(户)数	年出栏100~499头场(户)数	年出栏500~999头场(户)数	年出栏1000头以上场(户)数
全国	10490202	424756	92860	25943	3328	1025
内蒙古	249528	40557	9120	2122	337	81
广西	683515	5890	676	162	5	4
四川	618588	18575	2703	877	88	19
西藏	24850	0	0	0	0	0
甘肃	481006	14259	2399	1063	196	70
青海	38903	1819	173	113	29	10
宁夏	257146	13648	1145	311	31	15
新疆	350368	28539	5717	1827	173	79

资料来源：2016 年《中国畜牧兽医年鉴》

表 3-3　2015 年各地区羊饲养规模场(户)数情况　　　　　　单位:个

地区	年出栏1~99只场(户)数	年出栏100~199只场(户)数	年出栏200~499只场(户)数	年出栏500~999只场(户)数	年出栏1000~2999只场(户)数	年出栏3000只以上场(户)数
全国	16159510	315507	133939	35658	9009	1291
内蒙古	863976	87737	41119	10028	1449	206
广西	176658	2077	501	31	5	0
四川	2048383	8437	2717	686	84	13
西藏	378393	0	0	0	0	0
甘肃	773776	12202	5171	1130	283	42
青海	212146	13134	4890	385	121	16
宁夏	303645	11646	4056	1404	351	179
新疆	1397666	44586	15018	5524	1280	238

资料来源：2016 年《中国畜牧兽医年鉴》

虽然我国西部地区的畜牧业规模化养殖取得了突飞猛进的发展，但总体来看仍然处于较低水平。王晋臣和杨瑞珍认为，西部地区规模化标准养殖的水平偏低主要有三个原因：①规模化比重不高；②养殖生产规模化的同时，标准化没有跟进；③技术、资金、排污等问题无法妥善解决。因此他们建议政府应从政策引导、信贷扶持等多方面着手，大力提高畜牧养殖的规模化和标准化[3]。

畜牧产品加工业的规模化生产不仅有利于提升畜牧产品加工业的科技含量，还能够有效提升产品的卫生安全。一方面，规模化生产能够降低成本。畜牧产品加工企业通过规模化生产，能够实现产品的标准化与统一化，降低中间环节造成的材料消耗，进而降低生产成本；企业还可以通过大批量购入的方式，增加与上下游企业谈判的资本，进而降低采购成本；此外，规模化还有利于管理人员和技术人员的专业化与精简化。另一方面，规模化生产有利于新产品的研发与推广。规模化生产过程中，通过增加科技资金的投入，不断提升畜牧产品的附加值，使企业在区域范围内具备更强的竞争力。因此，充分实现畜牧产品加工行业规模经济的关键就在于扩充运营资本规模，扩大有效生产能力[4]。

目前，我国西部地区畜牧产业规模化发展还面临着巨大的挑战。首先，区域内的规模化养殖，对环境造成巨大负担。随着养殖、加工规模的扩大，畜禽产品在生产加工过程中，产生了大量的废弃物。受消费市场影响，规模化生产厂商区位选择大多在城郊一带，禽畜养殖的粪便以及在加工过程中产生的垃圾数量又极其庞大，体重 80 kg 的猪平均每天的排粪量为 6.7 kg[5]。由于城郊地区的土地资源有限，以及专业化生产导致农牧业的分离，使这部分垃圾很难得到充分利用。根据估算，存栏万头的养猪场每日排污量达 100 t，相当于 5 万～8 万人的城镇生活废弃物的排放量[6]。由此可见，相较于散养，规模化养殖加工由于废弃物集中且数量大，处置不合理会对周边环境产生极大的危害。

其次，畜牧产品加工行业的规模化增加了市场风险。由于养殖的规模化增加了繁育密度，使得养殖场面临更大的疫病风险。一旦发生疫病，将直接引起畜牧产品加工原材料价格的上升。此外，规模化养殖增加了污染物处理方面的支出，变相增加了成本。加上饲料价格的波动，将直接影响养殖企业的生存与发展。根据相关统计，饲料成本一般占养殖成本的 60%～70%，由于西部地区的畜牧业发展规模较小，不具备饲料、养殖、加工、零售等完整的产业规模，因此，在面对饲料价格的波动时，中小规模企业大多难以承受。特别是当下许多企业建厂设址严重依赖于银行贷款，增加了额外的利息负担，若投产后面对较大的饲料价格波动或疫病，企业的经营将陷入困境。综上，畜牧业的规模化发展面临的市场风险比散户更为严峻。

3.1.2　空间布局特征

古典区位理论认为，工厂区位的选择受到原材料、市场以及交通运输等方面的影响。新经济地理学则认为企业和产业更偏好在特定的区位空间聚集，而产业之间的差异，导致其选址存在一定差异。而产业中存在的规模效益，导致了产业的空间集聚和专业化生产。在我国有关畜牧产品加工行业的空间分布研究中，李力使用区位商法，测定了内蒙古的肉制品加工业、奶制品加工业和毛绒加工业的聚集区位和程度，通过联立方程组模型对影响产业集聚的因素进行分析，得出畜产品生产能力、产业投资区位和规模报酬是影响产业集聚的重要因素[7]。

近年来，随着我国对西部地区畜牧业规模化、集约化生产等方面扶持政策的推动，以及我国优势畜产品区域布局规划的实施，西部地区的畜牧产品加工业取得了显著的成绩。2015 年我国西部八省区实现肉类产量 1741.2 万 t，占全国肉类总产量的 20.19%，比 2014 年增长了 1.23%。其中，西部八省区猪肉产量为 5486.5 万 t，占全国猪肉总产量的 17.22%，比 2014 年下降 2.91%；牛肉产量为 700.1 万 t，占全国牛肉总产量的 28.51%，比 2014 年增长 2.36%；羊肉产量为 440.8 万 t，占全国羊肉总产量的 51.50%，比 2014 年增加 2.44%。2015 年西部地区奶制品产量为 1265 万 t，占全国奶制品总产量的 33.53%，同比增长 1.76%。其中，牛奶产量达到 3754.7 万 t，占全国牛奶产量的 33.93%，比上一年增长 1.85%。表 3-4 为 2015 年我国西部地区主要畜产品产量的分布情况。

表 3-4　2015 年西部地区主要畜产品生产分布情况　　　　　　单位:万 t

地区	肉类	猪肉	牛肉	羊肉	奶类	牛奶
全国	8625.0	5486.5	700.1	440.8	3870.3	3754.7
西部地区	1338.2	934.5	188.1	215.4	1265.0	1242.4
内蒙古	216.3	70.8	52.9	92.6	812.2	803.2
广西	276.4	258.8	14.4	3.2	10.1	10.1
四川	574.1	512.4	35.4	26.3	67.5	67.5
西藏	26.3	1.5	16.5	8.2	35.0	30.0
甘肃	89.2	50.8	18.8	19.6	39.9	39.3
宁夏	26.9	7.1	9.7	10.1	136.5	136.5
新疆	129.0	33.1	40.4	55.4	163.8	155.8

数据来源：2016 年《中国统计年鉴》

表 3-5 为西部地区各省区主要畜产品产量的占比情况。从肉类总产量的情况看，四川、广西、内蒙古三省区是西部地区肉产品生产的大省。三省区肉制品产量合计占西部地区肉制品产量的 78.67%。虽然肉制品总产量占据主导地位，但具体细分到不同的产品，各省之间还是存在区别。其中，四川省的猪肉产量占西部地区猪肉总产量的 54.23%，四川和广西两省区之和为 81.62%。在牛肉产量的区域分布中，内蒙古、新疆、四川三省区的牛肉产量，占西部地区总产量的 64.48%；羊肉产量的区域分布上内蒙古、新疆、四川占西部地区总产量的 76.78%，其中内蒙古羊肉产量占 40.79%。奶制品产量的区域差异更为明显，其中内蒙古占西部地区奶制品产量的 63.05%。综上，我国西部地区畜产品生产的区位特征较为明显。内蒙古、新疆地广人稀，草场资源丰富，在牛羊肉及奶制品生产方面具有独特优势；广西、四川猪肉产量的优势突出。

表 3-5　2015 年各地区主要畜产品产量占西部地区总产量比重　　　　单位：%

地区	肉类	猪肉	牛肉	羊肉	奶类	牛奶
内蒙古	14.11	7.49	26.50	40.79	62.59	63.05
广西	23.97	27.39	7.21	1.41	0.78	0.79
四川	40.59	54.23	17.74	11.59	5.20	5.30
西藏	3.33	0.16	8.27	3.61	2.70	2.35
甘肃	5.53	5.38	9.42	8.63	3.07	3.09
青海	1.99	1.09	5.76	5.11	2.52	2.47
宁夏	1.68	0.75	4.86	4.45	10.52	10.72
新疆	8.80	3.50	20.24	24.41	12.62	12.23

数据来源：根据 2016 年《中国统计年鉴》整理

3.2　产业组织分析：SCP 理论范式

SCP 理论范式即市场结构（structure）—市场行为（conduct）—市场绩效（performance），由美国哈弗大学产业经济学家贝恩（Bain）、谢勒（Scherer）等提出[8]。SCP 理论框架的基本含义是市场结构的变动决定了企业在市场中的行为，而企业的具体行为又影响了其在市场中各方面的绩效情况（图 3-1）。其中，市场结构是决定企业市场行为和市场绩效的基础，是市场关系或资源配置优劣的最终制约力量。市场结构的变化直接影响市场行为与绩效。因此，SCP 理论范式为研究和建立可观测市场结构与市场行为、市场绩效两个变量之间的关系提供了有效的实证模型[9]。

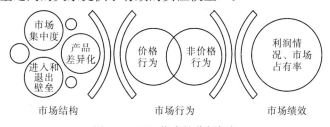

图 3-1　SCP 范式的分析框架

3.2.1　市场结构

产品是一个企业发展的重中之重，任何企业的持续经营都是围绕产品不断展开的，而产品价值的实现又与市场的营销活动密切相关。美国营销学家科特勒提出："营销活动要以消费者的需求为基础，而规模化生产面对的是基数众多的消费人群。在买方市场的前提下，消费者需求的多样性要求企业在发展过程中不断细分市场，准确找出目标消费人群，使企业在激烈的竞争中得以生存"。因此，我国西部地区畜牧产品加工企业在众多的细分市场之中准确找出能够有效为之服务的群体，是各企业制定经营战略的重要内容。

中国是畜产品生产的大国，2005～2015 年，畜牧业产值占农林牧渔业总产值的比重一直维持在 30% 左右，在这 11 年间，我国畜牧业实现了年均 8.39% 的快速增长。畜产品加工业作为畜牧生产活动与居民消费活动之间重要的连接渠道,受到党和国家的高度重视。此外,中国在畜产品市场拓展方面有很大的发展前景。以猪肉为例,2015 年全球猪肉产量为 1.115 亿 t。其中,中国的猪肉总产量为 5487 万 t,占全球总产量的49.21%。但是根据中国海关统计的数据,2015 年我国猪肉进口量为 77.8 万 t,猪肉出口量为 7 万 t。因此,中国既是畜牧产品的生产大国,又是畜牧产品贸易的小国。战略市场的争夺和既有巨大潜力的市场开发,是市场营销的重中之重,因而对我国畜产品市场结构的研究就有重要意义。

决定市场结构的因素有很多,主要包括市场集中度、产品差异化、市场进入和退出壁垒、市场需求增长率、短期的固定费用和可变费用的比例等。这些因素之间也是相互影响的,当其中的某一因素发生变化时,也会导致其他因素业发生变化,从而使整个行业的市场结构特征发生变化。本节将讨论市场集中度、产品差异化、市场进入和退出壁垒三个因素对畜产品市场结构的影响。

1. 畜产品市场集中度研究

市场集中度是指市场中卖方的集中程度,即在市场中畜产品加工行业内少数几家企业在生产量、销售量、资产总额等方面对整个畜产品加工行业的支配程度。一般来说,市场的集中度高,代表在该产业中少数几家大型企业具备较强的垄断能力。即使这些大企业在主观上没有行驶垄断力量的动机,但是较高的产业集中度在客观上已经表明它们具备了垄断力量。所以,市场集中度既是评价市场竞争情况的重要指标,又是影响市场结构的一个十分重要的因素。

肉类加工业包括畜禽的屠宰,肉类的冷却、冷冻与冷藏,肉的分割、肉制品加工与副产品综合利用以及肉的包装、营销等[10]。改革开放以来,随着我国市场经济的快速发展,我国肉制品加工业取得了飞速的发展,获得了举世瞩目的成就。我国已经成为肉制品产量增速最快的国家之一。

表 3-6　2015 年各地区规模以上生猪定点屠宰企业基本情况

地区	企业数/家	屠宰数/头
全国	2937	21383.5
西部地区	556	3988.6
内蒙古	27	659.5
广西	140	872.4
四川	254	2032.6
西藏	4	10.0
甘肃	73	173.5
青海	15	31.0
宁夏	19	46.6
新疆	13	95.8
新疆生产建设兵团	11	67.2

资料来源:2016 年《中国畜牧兽医年鉴》

由表 3-6 可以看出，我国西部地区现阶段的肉制品加工行业市场集中度较低。但是该行业的发展趋势表明，在未来西部地区肉制品加工行业的市场集中度将会快速提升。2008 年重新修订的《生猪屠宰管理条例》出台后，小型屠宰企业由于生产不合规，面临着被淘汰的命运，而规模以上企业则获得了更加广阔的发展空间。我国西部地区的大型规模以上加工企业飞速发展，在轻工业规模以上企业中的排名也不断靠前。目前由于消费升级，代表着行业发展方向的冷却肉和低温肉制品的市场前景十分看好[11]。

2. 畜产品差异化研究

产品差异化是指某类产业内有竞争关系的企业所生产的同类产品，由于商品的性能、服务，消费者的消费偏好等方面存在的差异，导致生产的同类产品之间的不完全替代。产品差异化包括：纵向差异化和横向差异化。

纵向差异化，是指在产品空间中，所有消费者对提及的特性组合的偏好次序是一致的那些特性之间的差异，最典型的是考虑产品之间的质量差异[12]。即大多数人都同意：较高质量的产品是更好的。纵向产品差异化的研究是基于张伯伦的论著展开的。斯万通过讨论商品的耐用性得出：当生产函数对产出规模的耐用性无影响并且消费者仅仅关心的是产品的服务时，市场结构对其产品的耐用性无影响。国内的相关研究主要是基于该理论对各行业进行分析。胡建军采用三角形分布代替了均匀分布，认为当在纵向差异化模型中以消费者的偏好服从均匀分布为前提条件时，会忽略一些重要的规律。宋秋云则对模型中参与者是理性经济人的假设提出了质疑，并通过引入公平偏好来对纵向差异化模型进行研究。

横向差异化，是指在相同价格的情况下，最优选择与消费者偏好有关。这种横向或者"空间差异"的评判，一般不存在好和坏的区别[13]。横向差异研究最早起源于豪泰林，他建立了线性空间城市模型，研究消费者对不同产品的偏好。国内的研究也大都是围绕豪泰林线形城市模型展开的，即最著名的厂商定位或选址模型。对于横向产品差异化模型的研究主要分布在对于模型的假设上。邢明青等通过动态博弈的方法研究出了模型的子博弈纳什均衡，并得出了双寡头产品差异化策略在不同消费者分布下的情况。

不管是纵向产品差异还是横向产品差异，都对我国西部地区畜产品产业有着重要的影响。就西部地区畜牧产品产销存在的问题而言：第一，各产品的市场定位严重趋同。西部地区的畜牧产品加工企业数量众多，甚至还有地区存在大规模的地下畜牧产品加工厂。这些地方的加工原料来源模糊，生产过程缺乏基本的卫生检疫与质量标准，且加工工艺原始落后。同时，西部地区的畜牧产品加工企业缺少行业联盟，各企业各自为营，市场定位严重重叠。第二，西部地区畜牧产品加工企业的产销策略极为简单。由于市场定位的重叠，导致原本具有平均质量较高的竞争力优势不能充分发挥。企业为争夺有限市场大打价格战，导致偷工减料、假货横行等严重影响畜产品质量安全的行为屡见不鲜，极大地增加了市场的监管难度。西部地区畜牧产品的市场定位趋同，反映了我国畜产品市场的组织缺陷，制约了畜牧产品加工企业的发展，给国外厂商抢占我国消费市场提供了机会，也对我国畜牧产品安全管理造成了巨大的隐患[14]。

3. 畜产品加工行业的进入和退出壁垒

芝加哥大学经济学家施蒂格勒指出，进入壁垒可以理解为打算进入某一产业的企业而非已有企业所必须承担的一种额外的生产成本。进入壁垒的高低，既反映了市场内已有企业优势的大小，也反映了新进入企业所遇障碍的大小。可以说，进入壁垒的高低是影响该行业市场垄断和竞争关系的一个重要因素，同时也是对市场结构的直接反映。

		退出壁垒	
		低	高
进入壁垒	低	报酬低而稳定	报酬低而风险高
	高	报酬高而稳定	报酬高而风险高

图 3-2　行业进入和退出壁垒

从资本角度出发，我国西部地区畜产品加工业发展较为缓慢，畜牧业生产较为分散，且交通条件有限。因此，进入我国西部地区从事畜产品加工的企业，要想实现规模化生产，需要一定的资金条件和较高的起始规模。此外，由于大规模的畜牧产品加工设备的生产专一性程度较高，企业如果决定退出该行业，前期的设备投入很难收回。因此，畜牧产品加工也具有较高的沉没成本和违约成本，进而形成较高的退出壁垒(图 3-2)。我国的法律法规和相关的制度安排，也提高了行业的退出壁垒。此外，规模经济也能引起畜牧产品加工行业进入壁垒的提高。

不同的畜牧业组织形式对应的养殖规模不同，所以相应的养殖户面对的进入壁垒、退出壁垒的大小也不同[15]。在传统的畜牧业生产中，小规模养殖者主要利用自身的闲暇时间和农业生产过程中产生饲料来饲养，利用农牧业相结合的办法降低畜牧养殖的投入成本。因此，家庭散户养殖的规模较小，前期的资金投入较低，养殖过程中无需技术投入，大多按照经验进行养殖。因此，进入和退出壁垒都没有太多的阻碍。但随着居民收入水平的上升，消费者对经过深加工的畜牧产品需求量势必会越来越大，规模化生产将会是未来畜牧产品加工业发展的主要方向。规模养殖对技术、环境等方面具有较高的要求，前期需要合理规划圈舍、精心培育幼崽、引进先进的加工设备、合理调配饲料等。此外，规模化生产的技术壁垒也相对较高。随着《农产品质量安全法》的颁布，人们对无公害产品越来越重视，规模养殖对于科学养殖技术的需求也很高[15]。这就要求企业必须进行科技投入，进而形成了较高的技术壁垒。

在退出壁垒的问题上，对于小规模的家庭养殖来讲，其退出壁垒很低。由于家庭养殖不需要机械设备的投入，所以前期资金投入较低，农牧结合使其生产资金投入也较低。实际上家庭畜牧养殖的退出，几乎没有任何阻碍。我国农村地区的家庭养殖牲畜与否，主要取决于当年家庭劳动力是否充足。而对于规模化的养殖企业来说，在退出壁垒上就要比家庭养殖高出许多。由于前期投入的资金量大，企业一旦退出，大量前期购入的专用设备以及技术很难转为他用。因此，这部分投入资本都将转变为沉没成本。另外，畜牧养殖具有现对较长的周期性，企业一旦开始生产则短期之内很难退出。产业整合和产业链的延伸也增加了纵向企业之间的联系，同时也提高了畜牧产品加工业的进入和退出壁垒。由此可见，随着我国畜牧业生产规模化、现代化程度的不断提升，其退出壁垒也在不断提高。

3.2.2　市场行为

　　企业市场行为是指企业为了获得更大的利润和更高的市场占有率，不断对自身的战略做出相应调整的一系列行为。一般情况下，企业的市场行为包括竞争行为与协调行为。其中，竞争行为主要表现为企业的定价行为、广告行为、并购行为等；协调行为主要为企业之间的合作竞争行为[16]。商品生产经营者的市场行为内容十分复杂，而且不断地在变化。但其行为都是以实现利润最大化为目的，围绕产品价格变化展开的。因此，市场行为的内容可以简单分为价格行为与非价格行为。

1. 价格行为分析

　　价格竞争容易发生在产品同质化、市场集中度低的产业中。此类产业的明显特征是产业内的企业数量大，企业规模小且产品同质化严重，企业之间为了争夺有限的消费市场容易产生激烈的竞争。价格竞争则是企业所能采取的最为简单有效的措施之一，而我国西部地区的畜产品加工行业正具备这种特征。畜产品对于消费者而言，在购买畜产品时会综合考虑产品的质量与价格，由于产品同质化，各企业生产的畜产品质量差异并不明显，因此，价格就成为影响消费者选择产品的重要因素。企业采取降价措施可以有效的吸引消费者，扩大市场份额，提升市场占有率，进而对其他竞争企业产生排挤。此外，由于西部地区畜牧产品加工业属于成熟期的产品，消费者对价格波动的敏感程度较高。因此，在各企业短期市场占有率基本稳定时，市场结构转变为寡头竞争，加上市场中消费量的增长速度放缓，企业将不得不采取价格竞争策略。

　　但价格竞争行为并不是当下企业竞争的主要手段，因为价格竞争容易产生两败俱伤的局面，不利于企业利润最大化目标的实现。目前，我国西部地区畜牧产品加工企业的价格行为也不再是企业的竞争行为[11]。当前现有的大型加工企业都以加大科技投入、加快科技创新等一系列非价格行为作为主要的市场行为，通过产品差异化和市场细分等措施不断提高企业的盈利能力。

2. 非价格行为分析

　　除了价格竞争之外，畜牧产品加工企业还有以产品质量、技术创新、广告销售等非价格竞争行为。

　　目前技术创新是西部地区畜牧产品加工行业非价格竞争的关键模式，在提升畜牧产品竞争力方面发挥着重要的影响。随着我国畜牧产品消费市场的饱和，企业之间的竞争日趋激烈。竞争带来的压力迫使畜牧产品加工企业认识到技术创新的重要性，这在一定程度上推进了我国畜产品加工技术在西部地区的推广与发展。但我国西部地区畜牧产品加工企业受区位条件闭塞、信息传播渠道少和从业人员受教育水平低等因素的制约，导致大量中小规模企业在选择新技术时的态度十分保守；特别是购入前期投入较大的先进设备时，企业为保证利润大多持观望态度，这在很大程度上阻碍了新技术的传播与应用。企业在生产中只看到技术差距，看不到差距本质是思想的保守。最终西部地区畜牧产品加工行业与发达地区之间的技术水平差距日益加大[15]。

3.2.3 市场绩效

市场绩效是指企业在市场结构背景下，通过一定市场行为，使产业在价格、成本、产量等方面取得的最终经济成果。市场绩效反映了在特定市场结构和市场行为条件下市场的运行效率。一般认为，在完全竞争的市场条件下，能够实现最优的资源配置，从而达到社会福利的最大化。市场的竞争情况越激烈，资源的配置效率也就越高；市场的竞争不充分即垄断程度较高，则资源配置效率就越低。因此，市场绩效的研究应该站在社会整体的角度。现代产业理论认为，市场绩效与市场结构之间存在着密切的关联。在非完全竞争市场中，垄断企业具有较大权利，能够控制市场中产品的价格，通过采取高价策略企业能够获得巨额利润。但在竞争较为充分的市场中，市场上存在大量的厂商，没有企业能够有效控制商品的价格，商品的价格主要由众多生产者和消费者的供需力量对比产生，因此整个行业的利润水平更为平均。

在行业结构对市场绩效产生影响的同时，市场绩效也能够反作用于企业的市场结构和市场行为。当一个行业能够获得较高的利润时，会影响企业的创新能力，同时企业会减少对成本的控制，一般情况下，很少通过降价的模式来阻止竞争者。而市场份额较小的竞争者为了获得更大的市场份额，则更加倾向于使用更为激进的手段来提升自身的盈利能力。如果行业的壁垒较高，潜在的竞争者就会通过创新研究降低壁垒；如果行业壁垒较低，市场外的潜在竞争者就会源源不断地进入该领域。无论何种变化，最终都会引起市场结构的变化。

我国西部地区的畜产品加工市场目前更倾向于完全竞争。在西部地区存在着数量较多规模较小的畜牧产品加工企业，主要从事畜牧产品的加工。其产量较小，一般仅限于区域内生产销售。小规模企业不具有畜产品定价的权利，因此小规模的畜牧产品加工企业仅能获得行业平均利润，很难获得超额利润。

参考文献

[1]孟祥林，张悦想. 乌盟地区农畜产品加工企业经济效益潜力及发展趋势分析[J]. 经济地理，2003(4)：538—541.

[2]李蓉，林福英，张关芬. 泸西县畜产品加工企业的现状和对策[J]. 山东畜牧兽医，2012(8)：63—64.

[3]王晋臣，杨瑞珍. 中国畜产品趋于规模化发展策略、问题与对策[J]. 中国农业资源与区划，2011(4)：9—12.

[4]曹征海. 从"伊利"经营策略看我区农畜产品加工业发展[J]. 企业天地，1997(12)：35—37.

[5]蒋树威，郑锡恩. 生态畜牧业的理论与实践[M]. 北京：中国农业出版社，1995.

[6]陈健雄. 大型养猪企业发展战略思考[C]. 中国改革开放养猪30年纪念大会暨创新发展论坛，2007：4—8.

[7]李力. 产业投资区位选择与产业集聚——以内蒙古畜产品加工业为例[J]. 中国农村经济，2008(1)：12—22.

[8]侯艳良. 谈SCP范式在中国的应用与新发展[J]. 商业时代，2011(5)：127—128.

［9］赵蕾，杨子江. 基于 SCP 范式的中国水产品加工业的市场结构分析［J］. 中国农学通报，2010，26
　　（11）：386－390.

［10］孙宝忠，李海鹏. 我国畜产品加工业现状与发展趋势［J］. 中国牧业通讯，2007(10)：36－40.

［11］康娟. 基于 SCP 分析的我国肉制品加工产业组织研究［D］. 郑州：河南农业大学，2011.

［12］夏雪莲. 策略性研发与创新——基于产业集群产品创新的研究［D］. 济南：山东大学，2006.

［13］吴中琳. 我国化妆品企业产品差异化的策略研究［D］. 上海：上海师范大学，2009.

［14］吕丽华，常平凡. 我国畜产品产销现状与发展对策分析［J］. 中国流通经济，2004(10)：61－64.

［15］刑欣. 畜牧产业经济理论框架研究［D］. 保定：河北农业大学，2012.

［16］成尧. 基于 SCP 范式的中国肉制品加工业研究［J］. 经营管理者，2010(16)：165.

第4章 西部地区畜产品加工行业发展的长期瓶颈因素

4.1 产业链分析

产业链以价值增值为导向，产业链中的企业从上游到中游再到下游是一个一直增值的动态进程，直到消费者购买，实现了产业链的价值为止。向上游延伸一般使得产业链进入基础产业环节或技术研发环节，向下游拓展则进入市场销售环节[1]。对于畜产品加工业来讲，是以畜牧业经营的专业化、集中化、地域化、服务化为基础的以及以畜产品为原料的加工、储存、运输、销售等组成的网络结构[2]，其产业链如图4-1所示。

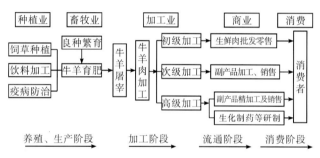

图 4-1 畜产品加工业产业链

如图4-1所示，畜产品产业链可以被描述为畜产品依次沿着养殖户、加工企业、配送中心、批发商、零售商及消费者运动的一个网状链条连接方式，即从养殖到加工，再到运输、销售的合作组织模式。

受饮食生活习惯影响，我国西部地区的居民饮食大多以肉牛肉羊为主，在众多肉制类品种中牛羊肉的消费占比很大。但是，与其他内地省份相比，西部地区的畜产品加工业明显存在着产业链短的问题，从而制约其进一步发展。我国西部地区畜牧业虽然具有资源上的优势，但并没有比较优势以及持续竞争优势，只有在对畜牧业资源和组织做出合理的整合，才能将畜牧业资源优势转化成比较优势和持续竞争优势[3]。以产量来看，2015年，全国牛肉、羊肉、奶类和毛绒产量分别达到700.1万t、440.8万t、3870.3万t和48.4万t，而西部六个主要畜牧业大省的产量分别占据了25.07%、48.48%、29.74%、65.70%（表4-1）。

表 4-1 西部六省区主要畜产品产量

地区	牛肉/万 t	羊肉/万 t	奶类/万 t	毛绒/万 t
全国	700.1	440.8	3870.3	48.4
内蒙古	52.9	92.6	812.2	14.6
四川	35.4	26.3	67.5	0.7
西藏	16.5	8.2	35.0	0.9
甘肃	18.8	19.6	39.9	3.6
青海	11.5	11.6	32.7	1.9
新疆	40.4	55.4	163.8	10.1
西部六省占比	25.07%	48.48%	29.74%	65.70%

资料来源：据 2016 年《中国畜牧兽医年鉴》整理

可见西部地区畜产品加工行业已初具规模，畜牧业产业链初步形成。但由于各种因素的影响，其产业优势却得不到充分的发展，下游产业链多以肉蛋、奶、绒这种初级加工品为主。探析西部地区畜产品产业链发展的限制因素与存在的问题，并建立起一种政府引导、协会组织、龙头带动、农户参加、科技撑持、市场运作，构建涵盖畜牧业养殖、屠宰加工、市场销售为一体的，从整体上延伸的全产业链就显得尤为重要。

4.1.1 养殖环节的问题

养殖育肥阶段作为畜产品加工业的上游环节，最主要的是牲畜的出栏质量与数量，这是畜产品加工行业发展的基础。而西部地区在饲养管理度、标准化程度、繁殖成活率、单体产能等方面还存在一些问题和差距。

1. 种质退化

牲畜良种种质是畜牧行业可持续发展的重要物质基础，近年来，在国家资金扶持和政策引导下，我国现代畜禽种业不断发展，逐步建立了以原种场和资源场为核心，扩繁场和改良站为支撑，质量检测中心为保障的畜禽良种繁育体系[4]。但要提出的是，西部地区畜牧业与良种繁育行业基础薄弱，面临着养殖规模小、散养户多、养殖品种繁杂、良种率低等不利因素。同时，我国良种育养技术起步较晚，尚处于初级阶段，距欧美畜牧业发达国家 95% 的良种率还有相当大的差距，造成我国畜牧产品单产及产品质量均远远落后于世界先进水平，同时也低于世界平均水平。2008 年的"三聚氰胺"事件发生的根源就在于我国奶业良种率低下，导致牛奶产量跟不上，低种质散养奶牛产出的牛奶品质达不到标准，合格牛奶不能满足日益增长的市场需求。因此，大力推动良种化进程已刻不容缓。但良种化的形成也是一个长期的过程，欧美畜牧业发达国家均进行了几十年乃至上百年的长期育种规划与良种繁育体系建设，我国良种繁育行业未来相当一段时间内还需持续发展壮大[5]。以内蒙古地区为例（表 4-2），内蒙古的良种牲畜数量（骆驼除外）虽然在持续增长，但牲畜良种率占比却是从 2013 年的 60% 逐步下降到了 2015 年的55%，远低于发达国家水平，这不得不说是一个严峻的事实。内蒙古自治区肉羊品种混杂，仅有乌珠穆沁羊、苏尼特羊、呼伦贝尔羊 3 个本地品种和"巴美"肉羊、"昭乌达"

肉羊2个培育优选品种，其余以土种羊和杂交羊为主，与国外育种优选的程度相比，仍有一定差距。绵羊与山羊的良种率分别从2013年的58％和66％下降到2015年的50％和65％。品种选育滞后，"只繁不育"现象仍未彻底改变，良种推广率、使用率不高，特别是已经行之有效的人工授精技术覆盖面较小[6]。

表4-2　内蒙古能繁殖母畜及良种牲畜(年中数)

指标	能繁殖母畜年中数/(万头/只)			良种牲畜年中数/(万头/只)			良种率/％		
年份	2015	2014	2013	2015	2014	2013	2015	2014	2013
大牲畜	515.32	513.89	513.51	322.99	316.06	307.53	63	62	60
牛	426.87	426.98	427.56	270.57	264.33	260.95	63	62	61
马	39.30	36.01	32.75	25.39	25.47	22.70	65	71	69
驴	42.97	44.45	46.77	18.23	18.19	16.35	42	41	35
骆驼	6.18	6.45	6.43	8.80	8.06	7.54	142	125	117
羊	4039.91	3853.35	3547.15	2171.42	2120.21	2139.57	54	55	60
绵羊	2993.98	2734.17	2553.57	1490.85	1467.84	1483.94	50	54	58
山羊	1045.93	1119.18	993.57	680.57	652.37	655.62	65	58	66
合计	4555.23	4367.24	4060.65	2494.42	2436.27	2447.10	55	56	60

数据来源：据内蒙古统计局2016年《内蒙古年鉴》整理

2. 环境条件差

畜产品产业会较大程度上受到季节性气候和自然环境的影响。我国西部地区的草原主要分布在干旱－半干旱区及高海拔地区，年际间的降水波动较大，而且一年之内在不同时间、空间上也存在较大的差异，所以特别容易受到干旱、雪灾等极端气候的影响。以草原牧场环境为例，2015年在六大牧区中，新疆草原、四川草原虽然总体长势较好，但受夏季降水偏少的影响，西藏中部、青海南部、内蒙古中西部以及甘肃部分地区的草原发生大面积旱灾，且旱情严重，从而造成六大牧区总产草量有所下降。草原生态系统功能的恢复是个长期过程，目前，我国草原生态恢复还只是处于起步阶段，正在恢复的草原生态环境仍然很脆弱，加之草原火灾等自然灾害和鼠、虫害等生物灾害频发，确保草原生态环境持续恢复的压力依然较大。

表4-3　2015年西部六省区草原建设利用情况　　　　　　　单位：km²

地区	草原总面积	累计种草保留面积	当年新增种草面积	草原鼠害		草原虫害		草原火灾受害面积
				危害面积	治理面积	危害面积	治理面积	
全国	3928327	230836	75699	290842	61543	125473	46196	1181
内蒙古	788045	4892020	21865	43188	1167	44359	13791	1066
四川	203804	25559	7430	29204	8939	8610	3349	4
西藏	820519	10250	2680	28400	1533	813	602	—
甘肃	179042	30923	7160	40533	4067	12773	3067	1
青海	363697	15645	3267	75473	4367	11892	5519	5
新疆	572588	21703	8742	51033	15861	25310	11216	1

数据来源：据2016《年中国统计年鉴》整理

由表4-3可见，草原鼠害、草原虫害危害面积占比较大，并且治理面积比重较低，新增种草面积不大，畜牧业的草原承载空间压力凸显。需要提出的是，内蒙古的草原火灾受灾面积高达 1066 km²，占全国草原火灾受灾面积的 90.3%，其中固然有其高纬度、冬季气候干燥的客观原因，但草原防火工作也需亟待加强。

　　另外，在饲养具体操作中，散养户大多环保意识淡薄，污道与净道不分，不重视环境卫生的清洁，即便是一些大中型养殖场，也没有无害化粪污处理和资源化利用的设施，粪便污水因得不到及时处理而污染地下水或径直排放到河道中，给居民的饮用水安全带来了隐患；而且圈舍粗陋，冬季舍温偏低，舍内粪尿不及时清洁，舍内潮湿，不晒太阳等影响牲畜的正常生长发育。

3. 繁育技术落后

　　繁殖知识匮乏，饲养管理方式粗放。首先，西部地区至今尚未建好一套科学化、规范化的良种牲畜繁育体系，国外一些已经施行的繁育改良技术，如生产性能测定、后裔测定、优种登记造册等行之有效的种种举措还没有完全施行，导致整体的繁育优化进展缓慢。其次，国外良品牛的改良后代，难以适应我国西部不同区域的气候和自然条件，同时由于现有的饲养管理水平达不到国外品种的生长发育要求，致使牲畜出栏周期变长，发挥不出原有的良种优势，从而形成牲畜饲养量虽然大，但畜产品产量、质量上不去的处境。另外，西部地区的畜牧业仍以家庭养殖为主，生产管理方式大都还是独立经营和分散管理，这种方式制约了西部地区畜产品行业在新丝路经济带背景下的进一步发展。在这种情况下急需示范推广新的繁育技术，建立养殖示范乡、示范村等，利用已有的品种资源进行选育选种来改善牲畜品种式样。与此同时，标准化示范场的创建速度也有待提升。以新疆为例，2014 年新疆全区仅有 15 家国家级的畜禽养殖标准化示范场，并且在对式样标准场检查时还有 3 家示范场因管理不善而未能发挥示范、带动作用[7]。

4. 疾病防疫技术水平差

　　目前西部地区还未建立完善可控的疾病监测机制，综合疫病防治措施不到位。对疫情的可防可控是优良育种、提高畜产品良与质的基础。以牦牛为例，一些养殖户的防疫意识不强，从经验上以为牛的饲养密度不如鸡、猪大，而且单方面认为牛的抵抗力强，觉得防疫似乎可有可无，致使一些地方传染病，如口蹄疫、布氏杆菌病、结核病、传染性胸膜炎等疫病发病率较高。多数养牛户欠缺消毒意识，即使周围养殖环境极其污浊仍长年不消毒或消毒举措不够严格，有的只是在清圈时垫些干土就匆匆了事。此外，我国肉牛养殖的异地育肥方式，易把一些地方疫病扩向全国，这不仅对牛的健康构成威胁，甚至威胁人的健康。再就是很少给牛驱虫，因为牛采食牧草和接触地面，体内外经常感染寄生虫，如各种线虫、硬蜱、牛皮蝇等，使其日增重下降，掉膘严重，育肥不成功。

5. 饲养成本和生态成本高

　　据 2015 年《中国畜牧兽医年鉴》数据，我国畜牧养殖仍以农户散养为主，占全国畜牧养殖总量的 80%。一般每户肉牛饲养 1~5 头，多的也就十几头或几十头。其饲养方式大多采取传统养殖耕牛的办法，导致饲草季节性供给不平衡的矛盾突出，有的在冬季甚至将牛关在栏舍里仅喂给干稻草，青贮少而干贮多。饲养条件稍好的养殖户，也只用麸皮拌料补饲，导致肉牛饲养周期长，出栏体重轻，育肥质量差。另外，饲养成本逐年攀升。以兴安盟每200只规模的肉羊繁育场为例，2011～2013年养殖成本上涨了60%，人工、饲草、饲料、防疫治疗的费用分别上涨100%、40%、66.7%、50%，养殖成本增加明显（表4-4）。

表4-4　兴安盟2011年和2013每200只肉羊饲养成本情况表[8]　　　　　　　单位：元

年份 \ 种类	人工	饲草	饲料	防疫治疗	总成本
2011	225.0	500.0	300.0	100.0	1125.0
2013	450.0	700.0	500.0	150.0	1800.0
上涨比	100.0%	40.0%	66.7%	50.0%	60.0%

数据来源：据《中国畜牧兽医年鉴2015》整理

随着草原草场生态环境保护力度的加大，牛羊养殖逐渐由散养放牧向标准化规模化养殖过渡，这就要求建设棚圈、草料棚，增加精饲料育肥，致使人工、饲料、防疫、运输流通等成本均呈上涨趋势。另外，畜牧饲养容易受自然天气的影响。以2014年6～9月，伊犁、博尔塔拉、昌吉等地区整体出现的旱情为例，这次旱情导致重要的打草场产草量较往年总体下降50%以上，草层高度仅20cm左右，冷季储草形势严峻。据国家畜牧部门统计，此项受灾牲畜达到1142余万只（头），仅伊犁畜牧业直接经济损失就达3.3亿元，间接损失达21.9亿元[7]。此外，畜牧业发展需要草场提供发展空间。据2015年全国草原监测报告数据显示，全国的重点天然草原平均牲畜超载率为13.5%，较上年下降了1.7%，较2011年下降了14.5%，较10年前下降了20.5%。其中，西部地区的草场牲畜承载情况仍然严峻，西藏平均牲畜超载率为19%、四川平均牲畜超载率为13.5%、内蒙古平均牲畜超载率为10%、新疆平均牲畜超载率为16%、青海平均牲畜超载率为13%[9]。

西部地区发展畜牧产业和保护环境的矛盾在新时代背景下依然突出，解决好这个问题是西部地区突破畜牧业发展瓶颈的关键所在。

4.1.2　加工环节的问题

畜产品屠宰与加工环节是畜牧业产业链的核心环节，也是保障畜产品食用安全和实现畜产品增值的重要环节[2]。通过加工环节使畜产品成为使用价值更高的消费品，同时加工企业也可以获得良好的经济效益，进而实现畜牧业持续良性发展的目标。由于畜牧业的初级产品体积大、易腐败、难以长期保存等固有缺陷，加之目前西部地区的畜产品加工转化效率与加工安全卫生保障环节还存在不足之处。因此，要在新丝路经济带背景下实现新发展就必须有效解决这些问题。

1. 加工效率低，产品转化效益不高

畜产品加工有一个重要特点，即加工增值效益非常显著，其初级产品和加工产品在经济收益上大相径庭。西部地区畜产品加工业的特点是：中低档产品较多，高档产品和高附加值产品偏少；企业运用一般技术居多，高新技术运用较少；加工的畜禽产品占畜禽总产品的比重小。

表 4-5　牲畜饲养情况及主要畜产品产量

地区	大牲畜年底头数/万头	牛/万头	马/万头	羊年底头数/万头	肉类/万 t	奶类/万 t
全国	12195.7			31099.7	8625.0	3870.3
内蒙古	884.6	671.0	87.7	5777.8	245.7	812.2
四川①	640.2	551.9	72.4	769.2	60.7	26.8
西藏	654.2	616.1	30.2	1496.0	28.0	35.0
甘肃	614.1	450.7	15.1	1939.5	34.7	32.7
青海	485.5	455.3	19.5	1435.0	96.3	39.9
新疆	584.9	396.9	89.9	3995.7	153.2	163.8
占比	31.68%			49.56%	7.17%	28.69%

数据来源：据 2016 年《中国统计年鉴》、2016《四川统计年鉴》整理

通过表 4-5 可看出，西部六省区牲畜饲养量占全国比重大，特别是羊饲养量，占全国的 49.56%，但是肉奶类等畜产品产量占全国比重却不高，可见畜产品加工转化率较低。

此外，畜产品的加工品生产结构也不尽合理，与市场实际需求同步程度低。其中，肉类、蛋类初级产品发展较为迅速，奶类发展相对滞后。在乳品加工中，现在的厂商还紧抱"酸奶""纯奶"这两块领域，显得品种种类偏少，存在同质化现象严重的问题。

2. 安全卫生意识落后

由于西部地区还有大部分小规模的屠宰点或屠宰场，其大多设备简陋、环境卫生条件不达标、加工过程不规范、部分从业人员卫生意识淡薄，加之检疫检验不能及时到位、操作不规范造成的二次污染状况，导致畜产品存在严重的安全隐患。此外，畜产品掺假造假问题频现，由于监管不到位和加工企业意识淡薄的原因，如注水肉、劣质奶粉等以次充好的问题时时见报。

3. 安全保障措施缺乏

在畜产品加工时忽视安全保障措施，主要表现在四个方面：一是消毒设施不全、消毒不严格。不少养殖场（户）消毒设施出现陈旧、损坏的情况不能及时更换和维修，有的消毒设施距生产区较远，有的消毒制度未严格执行。二是对人员进入厂区管理不严格。外来人员进入生产区不更换消毒的衣服、鞋帽，不严格消毒，很难控制病原的传入传出。三是免疫程序不科学。有些农场免疫时免疫剂量太大，造成牲畜免疫系统破坏；还有使用假劣疫苗的现象，有些不法经营者用劣质疫苗充当正规疫苗销售，造成牲畜免疫程序失去作用。四是污染物未进行无害化处理，不少养殖场户对病死畜禽不进行无害化处理，

---

① 四川省仅统计甘孜、阿坝、凉山三州地区。

到处乱埋乱扔。

4.1.3 流通环节的问题

畜产品储存、运输和销售均属于流通环节，通过这一环节畜产品最终进入消费者的手中，这是畜产品加工产业链最终实现市场价值的关键阶段[2]。在目前市场决定资源配置的经济发展条件下，产品的价格不仅受到市场需求单方面影响，还受到产品在流入市场前的诸多因素影响。我国西部地区的畜产品及其质量本身具有很高的竞争力，但是由于区位和技术条件等的制约，在产品流通环节还存在着一些缺陷。

1. 交通不便，运输条件差

近年来，西部地区交通基础建设发展迅速，基本形成了公路、铁路、空中一体的交通布局。但是随着经济发展的加速，其交通基础设施还是显现出运载能力不足。外运能力不能满足经济发展，成为制约西部地区经济发展的一大瓶颈。近年来，随着农业不断发展，交通基础设施作为连接农畜产品生产与消费的枢纽，是农畜产品流通的重要载体，交通基础设施建设迫在眉睫。在活畜禽运输中，因为要保障活畜禽有较好的生存条件，往往需要使用专门的运输车辆，但这也避免不了畜禽在运输途中容易掉膘、产生应激反应，甚至死掉的问题。此外禽蛋类的畜产品经过运输容易产生破损，液体乳制品的运输则有着分量重、体积大、装卸成本高的情况，在运输中需要的硬件设施条件也相应提高。畜产品不能及时加工，造成大量的肉烂掉，皮、毛、骨扔掉，牛奶倒掉，这在牧区经常发生。大量的活畜人工长途赶运或火车装运到大、中城市屠宰，大量的原毛、原绒、原皮输送至外地加工，牲畜经过长途赶运，大量掉膘降值，皮毛含有大量污垢杂质，运往城市后，污染环境，这样一来造成浪费，二来也不利于产业链的延伸。

2. 综合保藏技术落后

在我国居民的传统饮食习惯中，对生鲜肉类和活畜禽有着特殊的偏好，因此，鲜活类畜产品的销售在我国有很大的市场[2]。但是，畜产品是时效性很强的商品，有着鲜活性、易腐性、不易保存及不便运输的特点。一般牛羊肉的贮藏采取低温贮藏法，在冷库或冰箱中进行，是牛羊肉及其肉制品贮藏中最为实用的一种方法。在低温条件下，尤其是当温度降到零下10℃以下后，肉中的水分就迅速结成冰，人为形成细菌不能生存的环境。但当羊肉被解冻时，由于温度的升高和肉汁的渗出，失去了之前的低温环境后，细菌则又开始生长繁殖。所以，运用低温储藏肉类时，必须维持一定条件的低温环境，一直持续到食用或加工时为止，否则就不能够保证牛羊肉的品质。从2016年1～2月冷保车的销量情况看，西部地区中西藏、青海、甘肃、内蒙古、新疆的销售量均在40辆以下，而东部地区的山东、上海、江苏、广东则都在200辆以上[10]。

国家发改委2010年发布的《农产品冷链物流发展规划》中指出，"十三五"期间"鼓励肉类农产品冷链物流发展"，其中特别提到要"积极发展牛羊肉冷链物流"并且"逐步完善从西北地区到中亚和中东市场"的牛羊肉流通的冷链物流体系，提到"冷库建设工程"、"冷链运输车辆"及"冷链物流全程监控与追溯系统工程"仍是制约西部地区畜产品行业进一步发展的主要因素。

3. 信息不畅通，电子商务发展不完善

目前，西部地区畜产品加工行业还不能根据市场的需求预测来指导科学合理的生产。不了解畜产品市场信息，主要表现在两个方面：一是由于畜产品信息网络发展滞后，导致整个生产与销售缺乏联系不能做到产销一体化；二是政府网站的信息往往过于宏观，缺少产销间信息的有效对接，从而造成了信息网络建设不完善的状况[11]。这种情况极易造成畜产品加工行业因不了解供需关系的调整而进行盲目生产，导致一些家畜产品生产过剩，而另一些农畜产品供不应求现象的出现，使农牧民以及畜产品加工行业的经济利益受到损害，在市场中处于被动的地位。

表 4-6　2015 年各地区企业信息化及电子商务情况

地区	企业数/家	期末使用计算机数/台	企业拥有网站数/个	每百家企业拥有网站数/个	有电子商务交易活动		电子商务销售额/亿元	电子商务采购额/亿元
					企业数/个	比重/%		
全国	913481	42658164	523340	57	87436	9.6	91724.2	53499.1
内蒙古	11127	458363	5493	49	611	5.5	1340.1	910.7
四川	35000	1689673	20473	58	3574	10.2	1848.4	962.0
西藏	603	25237	394	65	76	12.6	31.4	7.3
甘肃	7837	284060	4248	54	627	8.0	321.1	553.8
青海	2006	111085	1151	57	164	8.2	643.7	91.0
新疆	9448	434579	3540	37	571	6.0	711.2	562.2

资料来源：据 2016 年《中国统计年鉴》整理

由表 4-6 可以看出，在西部地区中，电子商务的发展还较为滞后，有电子商务交易活动的企业还不及全国的平均比重，特别是内蒙古自治区，有电子交易的企业占比仅有5.5%（四川、西藏除外，四川由于统计时计入全省数据，不单单包括四川"三州"地区）。另外，牧区物流信息网络设施不健全，畜产品流通信息不畅，供求信息共享程度低，造成市场调节盲目，加之牧区物流体系不完善，直接导致畜产品在流通过程中时间长、效率低、消耗大、效益低等问题[12]。

4. 市场发育程度低，交易困难

我国西部地区的畜牧加工产品中以初级加工品居多，造成产品品种单一的状况，制约着西部地区畜牧业的进一步发展。以乳制品为例，近十年，乳制品的种类迅速增加，液乳、酸乳、乳饮料中出现了适合不同人群或添加保健菌种的新品种。但我国原料乳有近 50% 用于生产乳粉（主要是加糖奶粉），液态奶仍以消毒乳为主，用于生产奶油、奶酪的原料乳不足 5%[13]。肉类仍以生鲜肉和高温肉制品为主，火腿肠、软包肉等高温肉制品约占熟肉的 70%。市场上几乎没有适合老人、青少年、孕妇、乳母等特殊人群的细分产品，如低胆固醇、低脂、低盐、低热量等肉品。其原因一是信息不对称造成的加工企业生产的品种单一；二是加工企业的加工技术制约。这都造成了畜产品在新的经济发展背景下的交易困难状况，"产—供—销"不能协调发展。另外，畜产品批发市场主要是赢

利性质，收费环节多、收费高，使政府不能有效地通过市场对农畜产品价格进行调控，造成人为的交易障碍。

表 4-7　2015 年西部主要省份亿元以上商品交易市场基本情况

地区	市场数量/个	摊位数/个	营业面积/万 km²
内蒙古	73	37636	763.2
四川	134	146431	1189.8
甘肃	40	31465	181.7
青海	9	6445	53.8
新疆	98	86061	1343.5

数据来源：据 2016 年《中国统计年鉴》整理

我国西部地区的畜产品交易市场还处在初级发展阶段，只具备集中交易功能，不能兼具储存、保鲜、物流配送、农药残留检测和现代化市场信息等功能[14]。2015 年，西部地区上亿元级的商品交易市场数量，除四川外，都在 100 个以下，特别是甘肃和青海，分别只有 40 个和 9 个亿元级交易市场，这显然不能满足行业进一步发展的需求（表 4-7）。市场提供的平台不足，一方面是产业化不够发达、不够规模的表现，一方面也制约着行业的发展。

4.2　深加工技术缺乏

我国畜产品的重要产地——五大天然牧场，均在西部地区。总的来看西部地区畜产品加工业的现状是产业单一、深加工技术落后、产值低、经济效益差、农牧民创收少。

4.2.1　传统加工理念占主导

畜产品深加工与"畜产品初级加工"相对应，是将畜产品进行深度加工以取得最大的社会经济效益。它是延伸传统以肉蛋奶绒为主的畜产品产业链、增加农牧民收入和畜产品加工企业效益的必要方式。据了解，西部地区屠宰加工企业整体上技术都比较滞后，不能进行标准化、现代化的生产[15]。在牛羊加工生产企业中，除了少数企业采用了现代先进的技术外，其余都还是采用的传统手工作业的方式。由于缺乏先进的屠宰加工技术，对活牛羊只是进行简单的初级屠宰，没有进行深加工以延伸产业链。但深加工需要的科学技术与生产客观条件较高，大部分企业都倾向于采用保守简单的传统加工方式。

我国西部地区，深加工创新能力薄弱的问题，首先需要改变传统观念。丝路经济带来的思想、市场机会的冲击，可能会改变长期以来的这一状况。

4.2.2　产业技术运用水平低

我国的畜产品加工虽得到长足发展，但在产业技术运用水平上相对较差，对畜产品精深加工不足，2008 年深加工自制品仅占肉类总产量的 5%，2016 年提高到近 20%[16]，但与发达国家 50%～60% 的肉制品加工率相比较相差甚远。鲜肉中热鲜肉占 60%、冻肉占 20%、冷鲜肉不足 10%，而发达国家的冷鲜肉的比例为 70% 以上[13]。以牦牛屠宰加工为例，我国是世界上拥有牦牛数量最多的国家，其主要产地为青海省和西藏自治区。牦牛屠宰后，产生的牦牛血液由于有较重的血腥味，适口性差，所以仅有少量加工成食品，大量血液遭到摈弃。据报道，原本每公斤牦牛血液可提取 10g 免疫蛋白，免疫球蛋白在动物体内具有重要的免疫和生理调节作用，它与抗原结合，能中和并排除毒素，并在与补体结合后杀死细菌和病毒，还可以作为功能性食品的配料，应用于初生动物及宠物的饲料中，既可以强化免疫功能，又可以作为生物制药的原料[17]。但这样的深加工产业技术还不能在西部地区的畜产品加工行业中得到积极有效的推广和应用。这样既不能有效延伸产业链，为农牧民增收创收，又不能充分利用资源。

4.2.3　关键技术设备不能自主

以乳业来说，乳业是西部地区畜产品产业链最长、最复杂的一条，而且市场也最为成熟。据统计，我国乳制品的人均消费量已从 2000 年的 7 kg 增长到 2015 年的 33.8 kg。作为中国乳制品行业的龙头企业，伊利乳业 2015 年的营业收入已超过 600 亿元，跃升全球乳业八强，这是迄今为止中国甚至是亚洲乳类企业的最高排名。但行业关键技术设备仍需进口，乳制品加工业中应用的线分析检测技术、流变学分析技术、激光散射分析技术、营养调控技术、溶解二氧化碳技术和乳糖分解技术等涉及的诸多核心设备仍不能自主研发，导致西部地区畜产品深加工延伸受阻。

4.3　市场分析

虽然猪肉一直作为我国居民肉类消费品中的"主力军"，然而随着人们生活水平的不断提高，合理、健康的饮食结构日益受到人们的重视；加之牛羊肉以其高蛋白质、低脂肪、味道鲜美不油腻而越来越受到消费者的喜爱。牛羊肉的消费已从之前的部分群体消费逐渐向全民性消费转变。西部地区畜牧产品面临巨大的市场机会和良好的发展前景。但因西部地区在其地理区位、规模生产中存在的传统劣势，市场环境存在一些短板。

4.3.1　远离中心市场

草原畜牧业产品的市场输入能力受长距离运输的影响，长距离运输就要求冷藏库及运输车辆的建设。西部地区的草原畜牧业虽然在肉类市场上以其质量和价值的优势突出，但也因为我国的经济消费水平存在着明显的东西部差距，进一步打开东部的消费中心市场，是地区的畜产品行业想要跨越式发展的一大障碍。发达国家的畜产品加工量占其畜产品生产总量的 70% 左右，但在我国，由于畜产品加工业的不发达以及西部地区人们长期的饮食习惯，肉食类畜产品在屠宰之后就直接被食用消费的比重很大，所以，粗加工的胴体、肉类、奶类居多。这样畜产品的运输中成本高，消费阶段的价格就无形中增加。另外在产品销售方面，大都是供应本地需求及农牧民自用。以绒毛加工企业为例，西藏日喀则市某地毯厂地毯的制作方式为纯手工制作，每名女工每月可生产地毯约 5.5 m²，质量上乘，手工地毯供不应求，并且销售为订单式销售模式，有订单再加工。但由于运输的原因，销售市场仅为本地和拉萨，目前由于年生产能力不高导致年纯利润并不高[18]。所以，因为中心消费市场和产地的分离，加之运输能力的不足，畜产品投入市场的能力非常欠缺。

4.3.2 市场规模

1. 畜产品种类单一、加工品种雷同

以牦牛肉为例，在拉萨市场交易中主要包括牦牛肉干、手撕牦牛肉干、风干牦牛肉、牦牛肉粒、牦牛蹄筋、牦牛肉酥(肉丝)、牦牛肉酱等种类的加工产品，其中每一种产品又包括不同包装(重量)和风味[19](表4-8)。从畜产品生产厂家看，与西藏畜产品加工相关的公司多达18家，但除了奇圣土特产有限公司和西藏喜马拉雅食品有限公司几乎生产所有主要畜产品种类以外，其他公司只生产加工其中2～3种产品[18]。

表4-8 2016年拉萨市主要牦牛肉类畜产品及价格[19]

品类	调查的厂家和商场总数/个	最低价格/(元/kg)	最高价格/(元/kg)	平均价格/(元/kg)
牦牛肉干	75	113.3	283.3	173.8
手撕牛肉	17	112.0	312.5	251.5
风干牦牛肉	16	118.3	500.0	287.2
牦牛肉粒	25	112.0	220.0	180.7
卤牛肉	11	166.0	213.3	190.3
肉酥(肉丝)	7	66.7	281.1	166.3
牛蹄筋	11	175.0	313.3	234.9

对于生产模式单一的西藏而言，由于原材料供应有限，加上加工工艺和技术的局限性，所有企业似乎都很难做大做强。由于原料奶缺乏，奶产品生产加工能力有限，特别是缺乏青藏高原原生态等有机畜产品特色，产品种类少、企业开发生产的品种雷同，皮、毛的加工能力更为有限。特别值得注意的是，一些企业要么从如甘肃和四川购买原材料，要么是使用西藏企业的招牌或商标，但在西藏外加工和销售，企业生产过程中对本地就业、产品技术研发等的影响、带动作用很小。

2. 现代生物产业规模不大

对肉牛及其副产品进行深加工主要向医药、化妆品等生物制品方向延伸。但是西部地区普遍没有利用产业链延伸获取市场和经济利益。以内蒙古为例，目前在内蒙古仅有个别企业实现突破，如内蒙古包头东宝生物技术股份有限公司。该企业引进丹麦GEA制胶设备，按照欧标要求建成洁净生产基地，获得ISO9002质量管理体系认证，并成功上市[20]。现代生物制药的附加值高，且需要从初级畜产品中获取原料，这就为延伸畜产品加工行业的产业链提供了契机。这也是我国西部地区在未来通过利用现代生物技术，延伸产业链，获取市场增值，促进地区收入增长的一个重要方向。

4.3.3　市场推广问题

1. 供需失衡，成本上涨，企业盈利下降

牛羊肉市场价格上涨的主要因素是供需不平衡和养殖成本增加，其中需求量大幅上涨是一主导因素。一方面随着人口的不断增加以及居民人均消费水平和健康理念意识的不断提高，拥有蛋白质含量比高、脂肪含量低优势的牛羊肉消费量呈逐年增高的趋势；另一方面牛羊肉的消费市场由区域性向全国性转变，消费时间由季节性向全年性转变，消费群体也由小众消费向大众消费转变，市场需求旺盛的形势在短期内不可能发生改变，但是肉牛、肉羊的自然繁殖率较低，产品供应量短时间内难以大幅增长，这种供需不平衡的现状还将在今后一段时间内持续存在。

企业盈利下降有很多因素，主要包括生产成本上涨、来自供给面的竞争以及产业链短等。其中，人工成本上涨是牛羊肉价格上涨的主要原因之一。在锡林郭勒盟肉牛行业中，2013 年每名工人的工资为每月 2400 元，较 2012 年的均价上涨了 400 元，涨幅达 20%。根据对呼和浩特市食品公司清真屠宰场的调查，2011 年宰杀每只羊所花费用为 10 元，这其中包括屠宰费和阿訇费，但 2013 年费用就已涨到了 15 元，涨幅达 50%[8]。

据 2015 年《中国畜牧业年鉴》数据显示，2014 年，新疆的奶业受国际奶粉进口量增加的冲击较大，进口奶粉到岸价为每吨 1.9 万～2.6 万元，折合成原奶收购价为 2.0～2.6 元/ kg；兵团原奶生产成本为 3.3～3.5 元/ kg。两相比较，兵团液态奶市场售价完全不占优势，销售市场拓展有限，奶粉积压较为严重。生猪行业进入新一轮的调整期，面临全国性产能过剩的问题。新疆建设兵团生猪生产成本约为 13.5 元/kg，全年销售价为 12.5～14.5 元/ kg，同时又因玉米价格已超过 2.2 元/ kg，同比上涨较多，预计生猪亏损面约为 40%。牛羊肉产业，受上半年小反刍兽疫流通受限、下半年草场的严重旱情形成出栏集中以及进疆牛羊肉增加等多重因素的影响，全年牛羊肉价格下滑 15% 左右，活重价跌至 23～26 元/ kg，导致饲养羊获利已不足每只 50 元[7]。

此外，牛羊肉加工行业出于自身技术和近距离市场的需求，基本上只是进行简单的初级屠宰分割，以胴体肉、卷肉类为主要产品，难免造成科技含量和附加值低的问题，深加工比例不足 30%。由于肉牛肉羊屠宰后的副产品开发再运用水平偏低、企业深层次加工系列产品开发落后、综合利用率较低等问题，导致企业盈利性偏弱、市场竞争力不强。

2. 缺乏品牌效应

品牌是商品经济发展到一定程度的产物，最初品牌使用的目的是为了便于辨认产品标识。但是随着社会经济的持续发展，品牌不单单是一个产品的标识，它还具备给消费者一种安全、健康的信誉担保。品牌也能给企业带来巨大的经济效应，它是商业社会中企业价值的延伸。西部地区大多数加工企业目前都没有享受到品牌效应的好处。以新疆为例，目前新疆有很多小型牛羊屠宰场，没有形成规模化经营，牛羊肉制品就只能以初级产品进行流通、销售，得不到更深层次的发展，导致无法形成品牌效应。

4.4　分散发展带来的劣势

4.4.1　西部地区畜牧业生产规模

由表4-9可看出，2014年西部地区主要牲畜的农牧户饲养规模，除了内蒙古奶牛饲养规模在4头以下的比重为57.19%外，剩下的几大牧区尤其是青海、西藏，分别达到了93.23%和92.13%。可见，西部地区的饲养规模显然偏小。国外的农牧场主基本按照经济规模组织生产，我国草原牧区的牧户和畜产品加工企业很少对产业规模集聚发展进行详细的成本核算，不能以集约化的模式来降低成本和风险。

表4-9　2014年全国及主要草原牧区农牧户的牲畜饲养规模分布比重　　　　　单位：%

地区	奶牛饲养规模4头以下	肉牛饲养规模9只以下	羊饲养规模29只以下
全国	75.78	95.29	87.94
内蒙古	57.19	83.04	67.53
西藏	92.13	—	88.59
青海	93.23	95.16	74.13
新疆	82.10	91.74	79.41

资料来源：根据《2015年中国畜牧兽医年鉴》整理

4.4.2　分散生产带来的问题

1. 农牧民的养殖育肥分散化，加工企业缺乏稳定的原料来源

前述已提到农牧民养殖以散养为主，以农牧户为经营主体的牛羊育肥是一项自发的畜牧业生产模式，在我国传统家庭畜牧业生产实践中已经形成了相对固定的结构。这种模式从现在发展的水平看，单个小型的农户经营普遍缺乏系统、规范和科学的技术指导和培训，初级品生产分散，加工企业缺乏稳定的原料保障，主要表现有三点：一是畜产品品质不能满足加工需要，畜产品专用化和品质不高的因素制约畜产品加工业发展的问题非常突出。二是难于形成规模化生产，其生产经营的产业化、现代化进程缓慢；生产分散化和加工企业趋于集中化的矛盾日益明显，缺少标准化、规模化的原料供应。三是加工企业与农牧民实际上是一种松散的市场关系，并非一种固定的"生产—加工"的利益体，削弱了农牧民及加工企业两者的抗风险能力。如在笔者走访的四川省若尔盖县一些牧区，养殖户没有专门的经营培训，基本靠经营者的已有经验和模仿进行生产。这样对加工企业的胴体收购和皮毛、奶的进一步加工无疑是一个成本制约且缺乏稳定的原料保障。

2. 产品质量的监管难度大

由于监管机制的不健全畜产品质量问题在近年屡见报端，而经营发展的分散化又加重了质量监督的工作难度。国外的先进经验表明，规模化的发展不仅可以在成本上进行优化，还可以把控质量。目前，国外已建立了较完备的畜产品追踪溯源体系，而且开发了一系列的溯源检测技术，如将虹膜识别等生物技术应用到大型动物标识鉴别体系。此外，国外已经开始采用 DNA 溯源、产品加工信息物联化等技术进行畜产品的溯源跟踪。而西部地区的畜产品加工业，因其肉类及制品以散户屠宰多并且规模较小，对流入市场的畜产品要做到完善的监督就显得非常困难。

3. 缺乏规模经济效应，生产流通成本高

在一定范围内，生产规模的扩张能带来平均成本的下降，这被称为规模经济效应。但目前，西部地区畜牧行业正在面临因为生产分散带来的高成本。可以说，我国的畜牧业包括养殖和加工行业都还处于小规模分散经营时期，这种小而散的畜产品经营主体将直接导致行业供应链的集成效率低[21]。第一，现代化经营的意识还没有完全得到普及，文化水平较低的农牧户和加工者们甚至不清楚产业链的含义，多采用传统家庭式、作坊式的生产加工模式，以致难以形成一定规模的经营体。这种数量多但分散化的现象，不利于形成产业集聚，也不利于完善畜产品产业链。第二，产业链中的各主体间缺乏信息整合，畜牧业生产和畜产品加工企业存在原料生产与产品加工不协调的问题。畜产品生产原料的不集中、不规范，致使所提供的畜产品在数量及品质上达不到标准化。此外，分散养殖也迫使加工企业集中收购，从而加大存量、延长存期、增加成本。这样产前和产中的物流环节就不能合理利用资源，造成不能精益化管理成本的问题。第三，目前我国畜产品批发市场收费环节多、收费高，加之畜产品交易市场还处在初级阶段，仅具备集中交易功能，不具备储存、保鲜、物流配送、农药残留检测和现代化市场信息等服务功能，无形中增加了畜产品的公共物流成本。

4.5 资本支持不足

我国实施西部大开发战略以来，西部地区的投资主体发生了很大的变化。以各级政府、集体经济、金融部门、牧户和外资为主的多元化、多层次的投资格局逐步取代了以政府和集体为投资主体的旧格局[20]。特别是在新丝路经济背景下，西部地区作为丝路经济带的桥头堡，拥有更多的发展机会和空间。但是，当前对西部地区占经济比重大的畜产品加工业的资金投入还存在着诸多问题。

4.5.1 金融机构服务功能不足

国家对牧区生态环境建设和扶贫开发较为关注，投资额相应倾斜，但对畜产品加工行业所需的基础设施建设及公共平台建设的关注较少，投资额也相应较小。金融机构的支持力度也不够，涉及畜牧业产业发展的贷款额度较少。随着新丝路经济背景下的建设步伐加快，西部地区各行业资金需求主体对资金需求强烈，呈逐年上升之势；但与需求的快速增长相比，畜牧业及其加工行业的金融供给却相对滞后。以新疆为例，在新疆地区 2015 年涉农贷款额为 5821 亿元，同比增长速度为 6.8%，同期全国增速为 11.7%；其中，农林牧渔业的贷款只有 1580 亿元，仅占 27.1%，涉农贷款的大部分不能用到农业

（畜牧业为主）发展上来（表4-10）。

表 4-10　2015 年金融机构本外币涉农贷款统计（分地区）

项目 地区	农林牧渔业贷款		农村（县及县以下）贷款		农户贷款		涉农贷款	
	余额/亿元	同比增长/%	余额/亿元	同比增长/%	余额/亿元	同比增长/%	余额/亿元	同比增长/%
全国	35137	5.2	216055	11.2	61488	14.8	263522	11.7
新疆	1580	5.6	5388	8.1	1229	10.1	5821	6.8

数据来源：据 2016 年《中国金融年鉴》整理

　　金融服务网点布局不合理也是西部地区投资额较少的原因之一。在国有商业银行经营战略调整的过程中，大部分金融机构退出牧区市场，导致牧区金融机构缺失，资金供需矛盾日益凸显。以内蒙古自治区为例，在以经营利益为考量的前提下，一些经营效益差的农村信用社逐渐被裁并，牧区的金融覆盖逐步出现缺口，企业生产和牧民生活享受不到方便快捷的金融服务。如在锡林郭勒盟西乌珠穆沁旗，2013 年将 3 个苏木农村信用社搬迁到旗政府所在地呼伦贝尔盟新巴尔虎左旗，这里每 60004 人有 1 家金融机构[20]。出现此种情况一是人口密度不大的客观原因，二是忽视对西部地区的金融支持力度的主观原因。

4.5.2　贷款融资难，财政补贴不足

　　畜产品加工行业扩大再生产融资难问题，主要表现在：一是加工企业虽然有扩大再生产的愿景，但其用于自我发展的资金投入有限，可提升的潜力不大，制约了行业的发展；二是政府的相关投入较为匮乏，没有发挥引导带动作用；三是涉农涉牧贷款规模较小。以内蒙古通辽市为例，多年来农业银行已逐步退出资金支持，农村信用社是通辽市投放涉农涉牧贷款的主要力量。据统计，2014 年通辽全市信用社投放农牧业贷款 102 亿元，占总投放贷款的 12.75%[20]。这一涉农涉牧的贷款比例明显满足不了畜产品加工行业的发展要求。此外，抵押物不足是畜牧业信贷规模的主要掣肘。对金融机构来说，借贷需要抵押物，畜产品加工企业只能以厂房、设备进行抵押，但这些基础设施由于技术含量较低，一般估值不高，企业即使拿到了贷款，其额度也不高。

　　畜牧业补贴中有较大部分属于技术性间接补助，如内蒙古自治区在占据补贴总额高达 43.1% 的奶牛冻精补贴和疫病防治疫苗补贴是补给相关技术部门的；占据补贴总额 14.9% 的退牧还草工程国家只补贴饲草、粮食，且只有 760 万亩禁牧区、1350 万亩休牧区范围内的牧民才能享有，其余大部分牧区没有享受到这项补贴[22]。

　　西部地区金融机构缺失和信贷供给失衡，很难满足畜产品加工行业整个产业链的健康发展。

4.5.3　资本缺口估计

　　资本供给和生产需求只有处于一个动态的纳什均衡中，才能使畜产品加工业良性发展。由表 4-11 可见，目前西部地区的畜牧业产值都在稳步提高，产业链也逐步完善，无论是牧业产值还是畜产品增加值都远超全国平均水平，特别是青海、新疆等地，牧业产值的增速分别达到 11.06%、15.83%，是全国平均增速的 3 倍和 5 倍。这种情况下就亟

需资金扶持，以促进西部地区畜产品加工行业延伸产业链，把畜牧初级品转化为价值更高的商品，开拓深层次市场。

表 4-11　2013～2015 年西部地区畜牧业产值增长情况

地区	牧业产值				农林牧渔业增加值			
	2013 年	2014 年	2015 年	平均增速/%	2013 年	2014 年	2015 年	平均增速/%
全国	27189.4	28435.5	28956.3	3.20	52373.6	56966.0	60158.0	7.17
内蒙古	1118.9	1208.5	1205.7	3.81	1448.6	1598.2	1651.7	6.78
四川	2269.9	2267.6	2318.8	1.07	3297.2	3425.6	3594.2	4.41
西藏	59.0	64.2	69.3	8.38	80.3	86.8	93.9	8.14
甘肃	231.7	253.4	268.4	7.63	780.5	879.9	939.2	9.70
青海	137.1	160.1	169.1	11.06	176.8	207.6	219.0	11.30
新疆	485.4	604.2	651.2	15.83	1320.6	1468.3	1574.6	9.19

数据来源：据《2016 年中国畜牧兽医年鉴》《2016 年中国统计年鉴》整理（其中四川计入全省数据）

对中小型畜产品加工企业而言，需要有充足资金向农牧户购买牛羊等原料，并且在加工过程中的运输、贮藏、人工等需要预先垫付资金，日常生产经营也需要不断的流动资金支持。在市场开拓环节，往往需要大量的资金投入，尤其是在像西部民族地区的畜产品行业，在品牌初创、品牌塑造时期，有关的营销费用、广告费用更是庞大[23]。

除此之外，长期建设的资金需求量也较大，包括贮藏和长距离运输等阶段的冷藏冷链工艺等资金需求得不能满足。建设冷藏库基地需要的资金额度和资源量巨大，按照《中央储备肉管理办法》规定：冻牛、羊肉原则上每年储备 2 轮，每轮储备 4 个月左右。西部地区往往达不到这一要求。以石河子农八师西部牧业公司畜产品冷藏库项目为例，项目拟建设总投资为 2140 万元，但其资金需由西部牧业公司自己筹集。

据 2016 年《中国金融年鉴》统计数据，西部地区 70.1% 的企业存在资金上的缺口，大部分企业存在同时缺少长期资金和流动资金的情况。长期资金的缺口率约为 22.8%，生产产能及技术创新工作开展不足，长期资金的缺失制约了畜产品加工行业的发展；流动资金缺口更为严重，缺口率为 31.5%。可见，西部地区畜产品加工行业的资金链存在严重短缺，是制约加工行业等实体经济健康发展的主要因素。

参考文献

[1]刘贵富. 产业链的基本内涵研究[J]. 工业技术经济，2007(8)：92—96.

[2]邓蓉. 中国畜牧业产业链分析[M]. 北京：中国农业出版社，2011.

[3]胡晓东，王璇. 民族地区畜牧业产业链形成、发展及财税对策研究[J]. 西北民族大学学报（哲学社会科学版），2013(5)：169—180.

[4]韩真发. 关于推进畜牧业标准化生产，从源头上保证食品安全的提案[EB/OL]. http://www.cp-pcc.gov.cn/zxww/2016/02/27/ARTI1456567403024195.shtml [2017—7—25].

[5]侯磊，甘国夫. 我国畜牧业发展现状、趋势的分析[J]. 畜牧兽医科技信息，2012(10)：6—7.

[6]郭荣琴. 内蒙古休闲农牧业发展情况[J]. 中国畜牧业，2013(10)：32—33.

[7]中国畜牧兽医年鉴编辑委员会. 2015 年中国畜牧兽医年鉴[M]. 北京：中国农业出版社，2016.

[8]艾格农业数据库. 内蒙古自治区牛羊肉市场价格情况调查[EB/OL]. http://www.cnagri.com/

xumuweb/xumuzixun/niuyang/20140613/301194. html[2017—7—25].

[9]刘源. 2015 年全国草原监测报告[J]. 中国畜牧业，2016(6)：18—35.

[10]胡晓峰，武彦杰，黄睿. 2016 年 1～2 月冷保车市场分析[J]. 专用汽车，2016(4)：62—64.

[11]李佳宝. 提高内蒙古农畜产品流通效率的对策研究[J]. 内蒙古财经大学学报，2016(2)：28—32.

[12]何雯娟. 锡林郭勒盟绿色畜产品生产加工基地建设及存在的问题[J]. 肉类工业，2017(2)：41 —43.

[13]王莹. 我国畜产品加工业的技术现状与不足[J]. 现代食品，2016(22)：42—43.

[14]蒋项辉. 我国畜产品加工企业成本管理现状[J]. 经济研究导刊，2016(9)：88—89.

[15]薛海阳. 基于产业链延伸的视角建立牛羊肉制品加工产业模式[J]. 农产品加工（学刊），2013(8)： 62—66.

[16]王明利. 转型中的中国畜牧业发展研究[M]. 北京：中国农业出版社，2008.

[17]何如喜. 牦牛血液资源化利用技术的可行性研究[J]. 中国资源综合利用，2006(12)：11—13.

[18]白玲，孟凡栋，贾书刚，等. 西藏畜产品加工和销售市场调查与分析[J]. 西藏大学学报，2016， 31(2)：1—6.

[19]马忠孝. 搭建农畜产品流通桥梁满足现代农牧业市场——关于青海省农畜产品流通体系建设的思 考[J]. 中国合作经济，2013(12)：36—38.

[20]乌日陶克套胡. 新牧区建设与牧业产业化发展研究——以内蒙古自治区为例[M]. 北京：人民出版 社，2015.

[21]潘娅娟. 农产品加工企业供应链物流管理精益化研究[J]. 改革与战略，2017，33(5)：98—100.

[22]娜仁图雅. 促进内蒙古现代农牧业发展的财政政策研究[J]. 经济论坛，2011(5)：89—92.

[23]黄启云. 我国中西部地区中小型农产品加工企业资金困境的成因分析[J]. 农业经济，2012(5)：84 —86.

第5章 西部地区畜产品加工行业的发展环境与产品竞争力分析

5.1 宏观环境分析

本章采用 PEST 分析法对西部地区畜产品加工业发展面临的宏观环境进行分析。其中，P 代表政治（political factors）；E 代表经济（economic factors）；S 代表社会文化（sociocultural factors）；T 代表技术（technological factors）。

5.1.1 政治环境分析

政治法律环境主要是指对产业的组织经营活动产生直接或间接影响的政治和法律活动。当政府颁布了对本产业以及关联产业支持或约束的法律法规时，企业的经营战略必须进行及时调整。2015 年我国的宏观经济运行面临较大困境，经济下行压力加大。我国政府围绕稳增长、调结构、促改革、惠民生等诸多方面推出了一批激活市场、激发活力的改革举措，并取得了一定成效。

1. 大力推动"双创"政策

2015 年，国家深入推进简政放权，加快政府职能的转变。一方面，政府简化企业审批程序，规范和改进行政审批的措施，提升政府公信力和办事效率；另一方面加大了对中介机构和审批部门之间利益输送的审查力度，破除我国创新产业发展的阻碍。在简政放权和深化改革的同时，国家抓紧部署改革举措，进一步推动大众创业、万众创新，为我国西部地区畜产品加工行业的发展，提供了新的技术支持。此外，通过"双创"政策，鼓励农民工、大学生和退役士兵等返乡创业，为西部地区畜产品加工业的发展提供了充足的劳动力支持。

2. "一带一路"倡议的提出

2013 年，国家主席习近平在出访中亚及东南亚国家时，先后提出建设"丝绸之路经济带"和"21 世纪海上丝绸之路"，并得到国际社会的高度认可。二者合称为"一带一路"倡议。目前，"一带一路"倡议覆盖了新疆、甘肃、宁夏、青海、内蒙古、广西、西藏四川等八省区。

"一带一路"倡议通过加强区域间国际贸易，对发掘区域市场潜力、促进投资和消费、创造更大需求、增加居民消费能力等方面具有重要的推动作用。作为西部地区特色产业的畜产品加工业，是"一带一路"倡议推进中我国多民族和谐发展的最好表现。民族特色畜产品的推广，不仅有利于发展我国西部地区特色产业，还能够有效增强消费能力。通过"一带一路"倡议的带动，西部地区畜产品的市场将会持续增加，对于畜产品加工业来讲是一个重要的政策利好。

5.1.2 经济环境分析

经济环境主要是指国家的经济制度、经济结构、产业布局、经济发展水平以及未来的经济走势等。构成经济环境的关键要素包括GDP的变化发展趋势、居民可支配收入水平、固定投资变化形势、消费水平、市场需求状况等。一个区域的经济环境是指整体的经济状况，是该区域产业发展的依托和载体，是产业发展壮大的土壤。其决定和影响产业自身发展战略的制定。经济全球化带来了国家之间经济上的相互依赖性，产业在发展战略的决策过程中还需要关注、搜索、检测、预测和评估本国以外其他国家的经济状况[1]。

1. 国际经济环境

随着我国对外开放水平的不断提升，我国畜产品加工业也要面对一些国际经济情况，特别是相关的国际贸易情况。2015年，由于世界经济整体动力不足，有效需求不振，直接或间接导致经济增长乏力、债务高企、贸易和投资低迷、金融杠杆率居高不下、国际金融和大宗商品市场波动加剧等一系列问题凸显。在连续3年低速增长后，2015年世界经济复苏势头明显减弱，增速降至2009年以来的最低水平。全球贸易下滑较宏观经济更严重，国际贸易增速已连续3年低于世界经济增速。据世界贸易组织（WTO）统计，2015年71个主要经济体的出口下降11％、进口下降12.6％。整个国际贸易的低迷为我国西部地区畜产品加工业的发展提供了一个新契机，紧抓国内市场需求，在外贸进口额降低的情况下占领相关市场份额。

2. 国内经济环境

国内经济情况的好坏更是直接影响畜产品加工业的发展。2015年，面对错综复杂的国际经济形势和不断加大的经济下行压力，政府统筹谋划国际国内两大局，坚持稳中求进的工作总基调，主动适应引领新常态，一心理念指导新实践，以新战略谋求新发展，不断创新宏观调控，深入推进结构性改革，扎实推进"大众创业、万众创新"，经济保持了总体平稳、稳中有进、稳中有好的发展态势[2]。

1）总体情况

根据国家统计局网站公布的数据，2015年我国国内生产总值为676708亿元，按可比价格计算，比上年增长6.9％。从产业来看，第一产业增加值60863亿元，比上年增长3.9％；第二产业增加值274278亿元，比上年增长6.0％；第三产业增加值341567亿元，比上年增长8.3％。

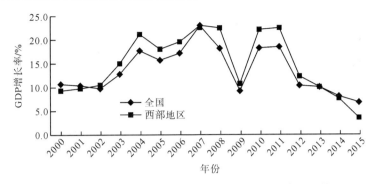

图 5-1　2000～2015 年全国及西部地区 GDP 增长率变化情况

数据来源：国家统计局网站

注：西部地区数据包括内蒙古、广西、四川、甘肃、西藏、青海、宁夏、新疆等八省区。

如图 5-1 所示，2000～2007 年我国经济一直呈现出高速增长的状态，且全国 GDP 增长率逐年创新高，但在 2008 年之后，我国经济增速明显放缓。经济发展速度的放缓势必会对人们的收入、消费等造成一定的影响。整体上看，西部地区 GDP 增速略高于全国 GDP 增速，说明西部地区经济发展潜力较大，发展后劲足。同样地，西部地区 GDP 增速在 2000～2007 年间逐年递增且增长速度较快，而在 2008 年之后 GDP 增长速度下降也比较快，并且在 2014 年西部地区 GDP 增速已经开始落后于全国 GDP 的增长速度，为 7.7%，低于全国 GDP 增速 0.5 个百分点。可见西部地区 GDP 的增长也开始受到全国经济下行大环境的压力，2015 年的表现更加明显，全国 GDP 增速直接降到 3.7%。GDP 是一个地区经济情况最明显的标志，GDP 的增速变缓即意味着人们的收入、消费水平都在降低，经济发展限入困境。面对经济发展趋缓的压力，西部地区畜产品加工业的发展在未来肯定会面临各种障碍，同时也应该肩负起作为 GDP 增长点的责任，为拉动西部地区的经济增长做出贡献。

2）固定投资

2015 年全国固定投资资产（不含农户）551590 亿元，比上年名义增长 10.0%，扣除价格因素实际增长 12.0%，实际增速比上年回落 2.9 个百分点。

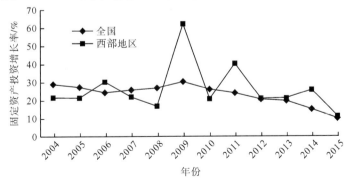

图 5-2　2004～2015 年全国及西部地区固定资产投资变化情况

数据来源：根据 2016 年《中国统计年鉴》整理

注：西部八省区包括内蒙古、广西、四川、甘肃、西藏、青海、宁夏、新疆等。

通过图 5-2 可以看出，我国固定资产投资从 2004～2015 年整体呈下降趋势，2004～2006 年一直在下降，2006～2009 年全国固定投资增长率小幅回升，2010 年增长速度开始加速下滑，特别是 2013 年国家正式提出"经济新常态"正确认识这一阶段我国经济特征之后，国家固定投资增长率下滑的趋势更加明显。国家在经济新常态下积极寻找新的经济带动力，并合理调控产业结构的升级改造，对东、中、西三大经济片区进行合理的产业偏重调整，促进这个时期各经济区的协调发展。相对于全国固定资产投资增长速度较单一的下降趋势，西部地区固定资产投资增长率在 2004～2015 年表现出大幅波动的情况。在 2006 年、2009 年、2011 年和 2014 年分别达到了增长的几个峰值，其中 2009 年达到增长率的最高峰值 61.96%，而 2015 年则降到这十几年的谷底 10.39%，但仍高于全国固定投资增长率 0.89 个百分点。全国固定投资增速回落的大环境势必对西部地区的固定投资有所影响，固定投资增速放缓在西部地区产业基础薄弱，无法及时进行经济增长力转换的情况下，对西部地区畜产品加工业影响巨大。在资金投入降低的情况下要继续发展就必须从别的要素突破困境。这就要求西部地区畜产品加工业在困境下积极研发使用相关技术，提升技术水平以提升生产效率，积极开发新的技术减轻固定资产投资降低带来的压力。

图 5-3 是 2004～2015 年西部地区农林牧渔业固定投资增速和全国农林牧渔业固定投资增速的比较。农林牧渔业在西部地区是主要产业和重点发展产业，是西部地区经济的重要增长点。农林牧渔业在西部地区的固定投资对于该产业的健康发展有很大的作用，而且作为畜产品加工业的原材料产业，其平稳健康发展对于畜产品加工业的发展壮大有很大的影响。

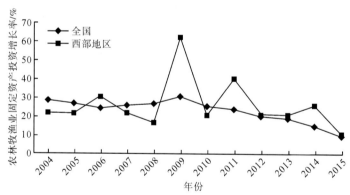

图 5-3　2004～2015 年全国及西部地区农林牧渔业固定资产投资增长率变化情况

数据来源：根据 2016 年《中国统计年鉴》整理

注：西部地区计算数据包括内蒙古、广西、四川、甘肃、西藏、青海、宁夏、新疆等八省区。

由图 5-3 可以看出，西部地区农林牧渔业固定投资和全国农林牧渔业固定投资的投资增速在 2004～2015 年虽然变动很大，但都在高速增长，最低也是约 17% 的增速。不同的是 2013 年之后全国农林牧渔业固定投资增速在下降之后有缓慢的上升趋势，在 2015 年回升了 2.97 个百分点。而 2015 年，西部地区农林牧渔业固定投资增速受经济下行的压力明显，大幅下降了 18.78 个百分点。可见全国产业投资的区域变化，西部地区农林牧渔业虽然投资增速变动幅度较大且近几年增速有下降趋势，但在发展的前瞻性上更具有发展优势。西部地区应紧紧抓住这一机遇大力发展农林牧渔业,特别是具有得天独厚优势的畜产品加工业,使其成为西部地区的特色产业和支柱产业,同时鼓励和支持一些有能力和实力的企业成为龙头企业,发挥龙头企业的带动和辐射作用,以建设更好的西部地区经济和生活。

3)消费模式

国家宏观经济环境的波动会对居民的收入水平产生直接影响,而收入水平的变化又会直接影响居民的消费模式、消费能力以及产品需求。2015 年我国工业生产者的出厂价格同比上年减少了 5.2%,全年的工业生产者购进价格比上年下降 6.1%。这对于消费者来说是一个利好消息,企业生产成本降低和销售价格的降低意味着消费者能以更低的价格消费更好的产品。对于生产者来说生产成本的降低更有利于增加盈利,同时吸引新的厂商进入该产业,对相关产业的发展和公平竞争都有一定的正面影响。

5.1.3　社会环境分析

社会环境是指组织所在的社会中成员的民族特征、文化传统、价值观念、宗教信仰、受教育水平以及风俗习惯等因素。构成社会环境的要素包括人口规模、年龄结构、种族结构等。每一个社会都有其核心价值观,它们常常具有高度的持续性,这些价值观和文化传统是经历史沉淀繁衍和社会教育而传播延续的,因此具有相当高的稳定性。社会环境直接影响人们的消费观念,不同的群体有不同的社会态度、爱好和行为,从而表现出不同的市场需求和不同的消费行为。

一个地区人口的构成能够看出一个地区的劳动力情况,劳动力多的地区就能集中发展劳动力密集型产业。本书考察了西部地区畜牧加工行业占比高的内蒙古、广西、四川、甘肃、西藏、青海、宁夏、新疆等八省区人口结构(图 5-4)。

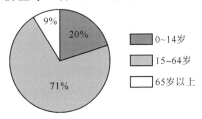

图 5-4　西部八省区人口构成

数据来源:国家统计局网站

关于人口老龄化的标准,国际上通常的看法是,当一个国家或地区 60 岁以上的老年人口占人口总数的 10%,或者 65 岁以上老年人口占总人口的 7%,即意味着这个国家或地区的人口处于老龄化社会。通过图 5-4 可以看出西部地区人口老龄化问题已经凸现,65 岁以上的人口占人口总数已经高达 9%,超过了 7% 的国际标准线。但也应看到,西部地区的劳动力(即年龄在 15~64 岁)占比还是比较有优势的,占人口总数的 71%。这是一个具有绝对优势的占比,完全可以满足西部地区畜产品加工业对劳动力的需求。由于西部地区的生活水平相比中东部地区较低,劳动力成本也就随之下降,畜产品加工业的技术水平还未达到完全的机械化,仍是以劳动力的投入作为生产效益提升的主要途径,所以西部地区尤其是民族地区充足的劳动力为畜产品加工业的发展提供了良好的劳动力保障和较低的生产成本，这也成了在西部地区大力发展畜产品加工业的一个优势条件。

西部农牧地区大多数居民都有游牧的传统，千百年传承的游牧经验为西部地区大力发展畜产业奠定了基础，这也为畜产品加工提供了充足的原材料。如内蒙古自治区，该区拥有闻名世界的广博的草原和丰富的家畜品种资源，已经成为我国重要的畜产品加工输出基地。2015 年内蒙古全区牲畜存栏头数率达 13585.7 万头(只)，比上年增长 5.2%；牲畜总增头数 7612.4 万头(只)，总增头数达 58.9%；畜牧业产值达到 1158.5 亿元，全国排名第 9 位。畜牧业作为畜产品加工业的上游产业，它的快速发展为畜产品加工业提供了源源不断的原材料供给。畜产品加工业是一个原材料导向型产业，原材料的保鲜是畜产品加工的重要保障，所以在原材料地就近建厂进行加工是畜产品加工业的特点。西部地区大多地广人稀，有足够的土地开发出来建厂。由此可见，西部地区设厂发展畜产品加工业符合区位条件，并能充分发挥西部地区的社会环境优势。

5.1.4　技术环境分析

技术环境不仅包括那些引起革命性变化的发明，还包括与企业生产有关的新技术、新工艺、新材料的出现和发展趋势以及应用前景。技术环境的要素主要包括与行业相关的技术发展变化、国家对行业创新的支持度、该行业企业的创新度、区域对专业技术专利的保护情况、政府及企业对技术商品化的速度等[3]。

一个地区专利数的申请量和拥有量，能在一定程度上反映出该地区的科技创新能力和新技术的应用能力。根据国家统计局相关数据，西部地区近几年国内专利申请授权量和国内发明专利申请授权量逐年增加。这说明西部地区对专利技术的认识增强，已经开始采取措施对专利技术进行保护和利用。

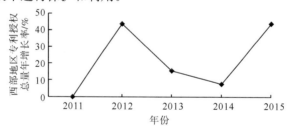

图 5-5　西部地区有效发明专利数年增长率

数据来源：中国国家统计局网站

注：西部地区统计数据包括内蒙古、广西、四川、甘肃、西藏、青海、宁夏、新疆等八省区。

图 5-5 是以 2011 年为基底，西部地区 2011～2015 年有效发明专利授权量(件)的年增长率，可以看出这几年西部地区的有效发明专利数基本上以一个较快的速度在增长，即便增速最低的一年仍有约 7.4% 的增长率，增速最快的一年高达 43.8%。虽然 2013 年和 2014 年的增速降低，但 2015 年又呈现了高速增长的状态。可见这几年西部地区在社会研究与试验发展方面的资金投入对其新技术发明创造的刺激效果十分明显。

技术环境的整体改善必定对畜产品加工业的技术创新有着带动作用，西部地区的畜产品加工业与中、东部地区的畜产品加工业相比较来说，技术创新方面有很大的欠缺，一方面表现在创新能力不足，创新人才稀少；另一方面则表现在对来自国外或者东、中部地区的新技术的接收能力和融合使用能力不足。西部地区有着发展畜产品加工业的优势条件，但技术、创新和与产业的融合方面是劣势，需要不断的升级，提升自己的相关能力。

5.2 市场机会分析矩阵

随着我国畜牧业改革的不断深入，我国的畜产品加工业实现了持续稳定的发展，畜产品综合生产能力得到显著提升，市场的发展前景广阔。而西部地区作为我国畜产品的重要生产基地，发展畜牧业具有明显的比较优势。但是在市场经济的大背景下，如何将西部地区的区位优势转变为竞争优势，如何提升畜产品加工业的综合实力与市场竞争力，成为西部地区畜牧业实现可持续发展的重中之重。因此，本节将从消费市场和产品市场两方面，分析我国居民的消费水平以及畜产品的供需关系，为更好地改进畜产品加工业，提升民族地区畜产品市场竞争力提供参考。

5.2.1 消费市场分析

1. 居民消费特征分析

随着我国市场经济的快速发展，畜产品生产加工企业的经济效益情况与市场中的供求变化产生了密切的联系。市场需求是制约畜产品加工业发展的主要因素。此外，随着我国居民人均收入水平的上升，人们的消费需求也发生了越来越大的变化，越来越多的消费者开始关注绿色、健康。一方面，消费者在食品方面的消费不断增加，为我国西部地区畜产品加工业的发展创造了良好的机遇。另一方面，人们消费水平的提升也对畜产品提出了更为严格的要求。因此，对于我国西部地区的畜产品加工行业来讲，在激烈的市场竞争中既存在着机遇，又需要直面市场中严峻的挑战。系统地分析我国居民消费情况的变化，对于畜产品加工业细分市场具有重要作用。图 5-6 反映了 2000 年与 2015 年我国居民消费结构的变化情况。

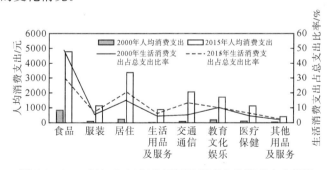

图 5-6 2000 年与 2015 年我国居民家庭人均消费支出情况

数据来源：2001 年和 2016 年的《中国统计年鉴》

从图 5-6 中可以看出，食品支出一直是我国居民消费支出的主要部分。2000 年生活消费支出约占总支出的 49.13％，而 2015 年这一比重下降为 30.64％。从家庭人均消费的绝对值来看，2000～2015 年我国居民的各项消费总支出不断上升。从相对值来看，食品消费支出占居民消费总支出的比重呈下降趋势。2000～2015 年，我国居民的消费结构发生了巨大的变化，食品支出比重不断下降，居住、教育文化娱乐以及医疗保健三方面的消费支出成倍增长，说明随着人均收入的上升，我国居民已经基本解决了温饱问题，传统畜产品已经难以满足消费者对绿色、安全、健康等方面的需求。对于我国西部地区畜产品加工业来说，传统的畜产品初级加工市场，未来的发展空间将十分有限。为了能够更好地推动西部地区经济的发展，不断提高畜产品质量是唯一的途径。因此，我国西部地区应该针对消费者的需求变化，转变发展模式，积极迎合消费者对畜产品绿色健康等方面的需求，最终实现"畜产品＋深加工＋民族文化"的结合。

表 5-1　2015 年我国居民主要畜产品的人均消费量　　　　　　　　　　单位：kg

类别	全国消费总量	城镇居民消费	农村居民消费
猪肉	20.1	20.7	19.5
牛肉	1.6	2.4	0.8
羊肉	1.2	1.5	0.9
禽类	8.4	9.4	7.1
蛋类	9.5	10.5	8.3
奶类	12.1	17.1	6.3

数据来源：2016 年《中国统计年鉴》

表 5-1 为 2015 年我国居民主要畜产品的人均消费量。我国居民的最主要畜产品消费包括猪肉、牛肉、羊肉、禽肉、鸡蛋以及鲜奶。根据我国居民的消费习惯，猪肉消费始终占据着肉类产品消费的绝大部分。2015 年人均肉类消费量为 26.2 kg，其中猪肉消费量为 20.1 kg，牛肉消费量为 1.6 kg，羊肉消费量为 1.2 kg；禽肉类人均消费量为 8.4 kg；蛋类人均消费量为 9.5 kg；奶类人均消费量为 12.1 kg。

2. 主要畜产品城乡消费市场变化情况

通过对 2015 年我国城乡间主要畜产品消费量的对比，可以看出我国农村居民畜产品人均消费量与城市居民人均消费量之间存在巨大差距。这种差距主要表现在牛羊肉消费以及奶制品消费上。2015 年，城镇居民牛肉人均消费量是农村居民的 3 倍，羊肉人均消费量是农村居民的 1.6 倍，奶制品人均消费量是农村居民的近 3 倍。

在我国城乡居民消费结构上，二者也表现出很大的差异。图 5-7 和图 5-8 展现了我国城乡居民主要畜产品消费结构的不同。在城镇居民的消费结构中，各产品的消费情况整体较为均衡，其中猪肉的消费比重占 34％，奶类消费比重占 28％，且随着时间的推移，城镇居民的猪肉消费比重呈下降趋势，牛羊肉以及禽肉消费比重呈上升趋势。而在农村居民中，猪肉的消费比重仍然偏高，2015 年农村居民人均猪肉消费量占主要畜产品消费总量的比重达到了 45％，奶类消费的比重仅占总消费量的 15％，牛肉和禽肉的消费比重也远远低于城镇居民的消费比重。

此外，随着城镇居民收入水平的上升和工作节奏的加快，时间成本对他们的生活产生了巨大的影响。因此，城镇居民对于完全加工的畜产品的消费量也呈现出上升态势。

因此，发展"熟食"和"速食"产品具有广阔的市场前景。

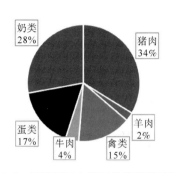

图 5-7　城镇居民主要畜产品消费结构

数据来源：2016 年《中国统计年鉴》

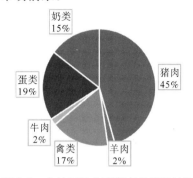

图 5-8　农村居民主要畜产品消费结构

数据来源：2016 年《中国统计年鉴》

图 5-9 和图 5-10 展示了 2000～2015 年我国城镇及农村居民主要畜产品消费量的波动情况。总体上看，在这期间城市居民主要畜产品人均消费量相对于农村居民主要畜产品人均消费量的变化更趋缓一些。

通过图 5-9 可以看出，我国城市居民主要畜产品人均消费量的变化较为稳定。具体来看，牛肉和羊肉在这期间的人均消费量变化幅度较小，基本稳定在 2 kg/年的水平。禽类的人均消费量略有波动，但总体呈上升趋势，从 2000 年的约 5 kg 上升到 2015 年的约 10 kg。蛋类的消费处于中游位置，2000～2015 年基本保持在人均消费量 10 kg 左右。奶类的人均消费量在这期间的波动幅度较大，在 2000～2005 年和 2012～2015 年呈现上升趋势，而在 2006～2011 年则呈现下降趋势。一方面，由于居民更加重视健康，而奶类产品中丰富的营养逐渐被挖掘出来，消费者对奶制品的重视推动了奶类产品人均消费量的提升；另一方面，奶制品的食品安全问题也受到消费者的密切关注。总体来讲，奶制品的需求情况十分不稳定，极易受到很多外部因素的影响，如恶劣的"三鹿事件"、舆论压力、替代产品的兴起等都会造成人们选择上的改变。猪肉是城镇居民在所有畜产品中消费量最多的一类，虽然在这期间有小波动但总体上呈现小幅提升，特别是 2007 年以后，表现出了一直上升的状态。通过分项的具体分析可以看出，即使各小项有些小的变动，但是总体的人均消费量呈上升趋势，这得益于人们收入水平的提升。同时也能看出，我国畜产品市场基本处于饱和状态。

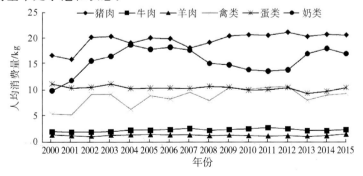

图 5-9　2000～2015 年城市居民主要畜产品人均消费量

数据来源：国家统计局网站

通过图 5-10 可以看出，2000～2013 年我国农村居民主要畜产品人均消费量的变化趋势没有城市居民主要畜产品人均消费量的变化趋势复杂，规律性十分明显。进一步可以将六种畜产品的人均消费情况分为三大类：牛肉、羊肉为一类，两者在这期间基本无变化且一直处于较低水平，主要原因是牛肉和羊肉的单价一直比较高，对于农村居民来说购买牛肉或羊肉的效用低于购买价格更便宜的猪肉。奶类、蛋类和禽类的消费可以归为一类，这三种畜产品在这期间都呈现了上升的趋势，其中奶类上升最明显，从 2000 年的人均消费量约 1 kg 上升到 2015 年的人均消费量约 6 kg；而禽类的上升趋势相对明显，从 2000 年的人均消费量约 3 kg 上升到 2015 年的人均消费量约 7 kg；相对平稳的是蛋类，2000～2015 年的人均消费量变化很小。猪肉单独为一类，主要是猪肉在 2000～2015 年的变化幅度大，增长幅度也大，而且从图中可以看出，猪肉也是农村居民畜产品的主要选择，在量上占有绝对优势，且还在一直增加；在 2005～2006 年和 2013～2015 年两个区间里是两个增长极，消费的人均量也从 2000 年的 13.44 kg 上升到 2015 年的 19.5 kg。农村居民的畜产品消费比城市居民更加单一化，主要还是消费猪肉，另外五种畜产品的消费还是集中在城市。可以通过引导农村居民的消费观念来改变农村居民的消费结构，使其饮食结构往更多元化、更健康的方向发展。

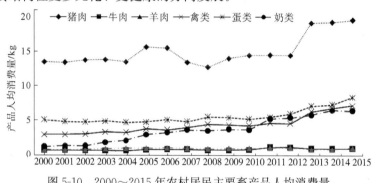

图 5-10　2000～2015 年农村居民主要畜产品人均消费量

数据来源：国家统计局网站

3. 畜产品消费市场前景分析

当前，畜产品质量是制约我国畜产品消费增长的主要因素。随着畜产品供给种类的不断增加，产品的质量问题越来越受到消费者的重视。市场中流通的畜产品的检疫情况、添加剂有害物质的残留、色素以及防腐剂等涉及食品安全的问题，是城市居民购买畜产品考虑的直接问题。根据当前消费市场的情况，散养土鸡是规模化养殖鸡价格的两倍多，但每逢节假日，高价格的土鸡仍然供不应求。这种现象反映了我国城市消费者对绿色食品的追求。此外，加工制品的质量问题是制约畜产品加工业发展的主要原因，加工制品的卫生状况、产品包装以及口味等很难符合消费者的要求，这也导致目前我国畜产品加工制品的比重只占总产量很少的一部分。

当前，我国西部地区畜产品加工业还面临着畜产品市场饱和的问题。目前我国主要畜产品消费情况基本稳定，在数量上满足了消费需求，势必会引起消费者在质量上的更高要求。改善质量和推出新产品是目前市场的主要需求。对于西部地区畜产品加工业而言，实现产品种类的差异化、多样化、优质化，加快畜产品加工业的结构调整，建设完整产业链从而进一步提升产品质量，是其未来发展的主要方向。

5.2.2　产品市场分析

产品市场是商品和劳务交换的场所，也是商品生产者和商品消费者相互取得联系的场所。现代市场是一个统一、开放、竞争且有序的市场，充满活力。市场信息也基本实现充分流动，从而商品供应者能及时调整产品的产量和市场战略以及发现潜在市场。表 5-2 为 2015 年我国各省区市肉类以及牛奶人均产量和人均消费量的情况。

表 5-2　2015 年我国主要畜产品人均产量与消费量　　　　单位:kg

地区	肉类产品人均产量及消费量			牛奶人均产量与消费量		
	人均产量	人均消费量	产销差	人均产量	人均消费量	产销差
北京	11.7	26.0	−14.3	26.5	26.9	−0.4
天津	22.3	25.2	−2.9	44.4	17.1	27.3
河北	48.6	19.0	29.6	63.9	13.9	50.0
山西	20.0	13.6	6.4	25.1	14.7	10.4
内蒙古	86.2	32.8	53.4	320.3	21.9	298.4
辽宁	62.9	25.6	37.3	32.0	14.4	17.6
吉林	68.1	19.6	48.5	19.0	9.5	9.5
黑龙江	50.3	20.3	30.0	149.2	10.4	138.8
上海	6.9	28.9	−22.0	11.4	21.7	−10.3
江苏	29.8	26.1	3.7	7.5	16.4	−8.9
浙江	19.3	26.9	−7.6	3.0	12.5	−9.5
安徽	47.7	22.7	25.0	5.0	10.7	−5.7
福建	36.6	31.1	5.5	3.9	10.8	−6.9
江西	58.9	25.2	33.7	2.9	11.2	−8.3
山东	51.2	20.3	30.9	28.0	18.2	9.8
河南	60.9	16.1	44.8	36.2	10.9	25.3
湖北	62.3	27.8	34.5	2.9	8.0	−5.1
湖南	70.9	30.0	40.9	1.4	5.8	−4.4
广东	26.1	36.5	−10.4	1.2	8.3	−7.1
广西	57.9	31.6	26.3	2.1	5.7	−3.6
海南	54.4	28.9	25.5	0.3	4.3	−4.0
重庆	56.2	39.3	16.9	1.8	14.6	−12.8
四川	70.3	39.3	31.0	8.3	10.7	−2.4
贵州	51.6	32.5	19.1	1.8	5.3	−3.5
云南	71.5	29.6	41.9	11.6	5.5	6.1
西藏	81.9	39.1	42.8	93.6	21.4	72.2
陕西	28.0	14.0	14.0	37.3	12.6	24.7

地区	肉类产品人均产量及消费量			牛奶人均产量与消费量		
	人均产量	人均消费量	产销差	人均产量	人均消费量	产销差
甘肃	34.4	18.0	16.4	15.1	13.4	1.7
青海	56.9	23.2	33.7	53.8	17.4	36.4
宁夏	40.5	17.1	23.4	205.4	15.5	189.9
新疆	55.4	23.2	32.2	66.9	19.5	47.4

数据来源：2016 年《中国统计年鉴》

首先，从肉类产品产量以及消费量的情况看，我国各省区市的肉类产销情况存在着较大的差异，但总体上各省区市的肉类产品能够实现充足的产品供给，各省区市产量差距较小；北京、天津、上海、浙江、广东五省市是肉类产品主要的输入地。总体来看，这一现象基本反映了我国畜产品市场的饱和。对于我国西部地区来讲，简单的肉产品加工的市场发展有限。西部地区整体的市场产量已经远远高于消费量，在未来低级市场的竞争将会愈发激烈。推动畜产品加工业的转型发展，是目前西部地区畜产品加工业发展的重点。随着"一带一路"倡议的不断升级，利用西部地区的区位优势，开发国外市场是西部地区畜产品发展的重中之重。

其次，从我国各省区市牛奶人均产量和消费量的情况看，全国有 15 个省市是牛奶的输入地区。与肉制品相比，我国的奶制品生产更为集中。内蒙古、黑龙江、西藏以及河北，人均产量与消费量之差超过 50 kg。而奶制品对加工工艺和保存期限有着更高的要求，如果不能及时对奶制品进行保鲜加工处理，将会产生大量的浪费。从乳品加工企业看，我国当前的乳制品市场集中度高、产品差异小，竞争十分激烈，而价格战与广告战是当下乳品市场竞争的主要手段。2008 年"三聚氰胺"事件，导致国内消费者对奶制品的不信任，对乳品市场带来了巨大冲击。

目前，我国西部地区畜产品加工业的发展缺乏龙头企业。以西藏为例，在西藏从事西藏畜产品加工的企业数量多达 18 家，但目前除了西藏奇圣土特产有限公司和西藏喜马拉雅食品有限公司之外，其他的畜产品加工企业一般只能够简单加工 2~3 种畜产品[4]。再加上西藏特殊的地理条件，原材料供应有限、加工技术的局限，一般的畜产品加工企业很难实现做大做强的目标。特别是西部地区的特色有机畜产品企业的发展，畜牧产品的种类匮乏，形式单一，企业的整体加工能力十分有限。值得注意的是，现阶段存在部分企业使用西部地区的特色商标在本区域内部进行销售，而在西部地区之外的地区从事生产加工。这类企业对西部地区内部的经济发展、增加就业等方面的带动能力十分有限。

因此，针对我国西部地区畜牧产品市场存在的问题，增加畜牧产品种类，加强市场的开发力度，保障畜牧产品供应对于畜牧产品加工企业而言十分必要。因此政府可以通过制定减免税收、降低贷款门槛等措施对企业予以支持，鼓励企业凭借西部地区的特色资源从事产品创新，在对畜牧产品进行深加工的过程中，提升其附加值。此外，政府还应该加强对本地企业的监督与扶持，特别是要注重培育地区的龙头企业，形成示范作用，以发挥畜牧产业的规模经济优势。

5.3　产品竞争力分析矩阵：SWOT 矩阵

5.3.1　竞争力的含义

竞争力是指在相同领域内的多个主体在实现最终目标的过程中所展现的能力。产品竞争力的强弱代表着企业收益能力的高低。总体来看，一个产品的竞争力可以由"优势""功能""吸引力"来衡量。其中，"优势"代表企业在生产过程中所具备的独有的资源，可以是投入与产出方面的优势，也可以是产品销售等方面的优势；"功能"反映的是产品满足消费者需求的情况；"吸引力"则可以看作是产品的品牌效应。

西部地区畜牧产品竞争力可以看作是在与其他地区或国家畜牧产品在市场竞争的过程中所表现出的能力，即畜牧产品在生产—销售过程中，在原料投入、产品加工、成本、品牌以及服务等方面表现出的一种获利能力。畜牧产品的竞争力受到诸如原料、疾病、质量、产品加工、储藏、运输等因素的制约，而每一种因素之中又含有若干的子因素，从而影响畜产品竞争力的诸多因素与其子因素共同构成了一个多层次的复杂的影响体系。

5.3.2　西部地区畜产品竞争力的现状分析

为了进一步衡量我国西部地区的畜牧产品竞争力，本书参照由美国经济学家贝拉·巴拉萨（Bela Balassa）提出的显示性比较优势指数法（revealed comparative advantage index，RCA）。该方法主要用来衡量地区产业贸易的比较优势。受数据可得性的影响，本书构建一个综合优势指数（aggregated advantage indices，AAI）。综合优势指数受地区的技术条件、资源要素、经济情况以及消费情况等多方面因素的影响，该方法能够较好地适用于国内各地区同产业比较优势的分析。由于变量选取的是地区畜牧产品的产量情况，因此 AAI 法能够更好地反映一个地区的规模优势。其公式为

$$AAI=(Y_{ij}/Y_i)/(Y_j/Y) \tag{5-1}$$

其中，Y_{ij} 为 i 地区第 j 种畜牧产品的产量；Y_i 为在 i 区域内所有畜牧产品的总产量；Y_j 为在全国范围内 j 种畜牧产品的总产量；Y 为全国畜牧产品的总产量。通常若 AAI>1，则认为该区域在 j 产品上具有比较优势；若 AAI<1，则认为 j 产品在该区域不具备比较优势或者比较优势不明显。根据我国主要畜产品的生产情况，本书选取猪、牛、羊以及奶类四种畜产品产量进行计算，结果见表 5-3。

表 5-3　2015 年中国各省区市主要畜牧产品综合优势指数

地区	猪肉	牛肉	羊肉	奶类
北京	0.522451	0.272871	0.346809	1.883033
天津	0.546666	0.498679	0.372825	1.804875
河北	0.625792	0.948446	0.897848	1.551498
山西	0.695862	0.533410	0.991061	1.516646
内蒙古	0.131710	0.770983	2.144089	2.142140

续表

地区	猪肉	牛肉	羊肉	奶类
辽宁	1.038274	1.443454	0.483682	0.924300
吉林	1.083318	2.908080	0.475887	0.596280
黑龙江	0.345383	0.813320	0.382046	2.032254
上海	0.692239	0.033685	0.321090	1.688530
江苏	1.456118	0.161669	0.650135	0.544901
浙江	1.609504	0.146479	0.349068	0.364481
安徽	1.537191	0.752972	1.225785	0.257384
福建	1.656004	0.299023	0.367787	0.268818
江西	1.724243	0.724707	0.101589	0.125361
山东	0.965779	1.292775	1.122198	0.981615
河南	0.964082	1.333065	0.664070	1.028915
湖北	1.669130	0.907272	0.551487	0.119213
湖南	1.752192	0.609762	0.564687	0.053787
广东	1.778425	0.355688	0.072653	0.118620
广西	1.728342	0.753410	0.265988	0.095628
海南	1.766745	0.785751	0.480125	0.010938
重庆	1.715628	0.757230	0.519483	0.084088
四川	1.528041	0.827051	0.976174	0.285383
贵州	1.636361	1.340220	0.532303	0.089506
云南	1.379089	1.284084	0.892140	0.423424
西藏	0.046895	4.041346	3.190792	1.551335
陕西	0.584342	0.400063	0.627536	1.740293
甘肃	0.752883	2.182856	3.615479	0.838370
青海	0.298144	2.607894	4.179194	1.341947
宁夏	0.083137	0.889843	1.471992	2.266051
新疆	0.216369	2.068960	4.507369	1.518030

　　表5-3列出的各省区市主要畜产品的综合优势指数，反映了我国各地区畜牧产品的主要竞争情况，其中 AAI 越大，代表在国内，该地区的该种产品竞争能力越强；而 AAI <1，则代表该地区的该种产品不具备比较优势。根据计算得出的结果，就猪肉的状况而言，我国的中西部地区无论是产量，还是竞争力都具有较大的竞争优势；牛、羊肉方面，西部地区的竞争优势十分明显；奶类方面，东部经济发展较快的地区和西部地区的综合优势都很突出。表5-4是对表5-3做的进一步整理，给出了我国各省区市主要畜牧产品的综合竞争力排名，排名越靠前，代表该省在该类产品的比较优势越大。

表 5-4　2015 年主要畜牧产品综合竞争力排名

排名	猪肉	牛肉	羊肉	奶类
1	广东	西藏	新疆	宁夏
2	海南	吉林	青海	内蒙古
3	湖南	青海	甘肃	黑龙江
4	广西	甘肃	西藏	北京
5	江西	新疆	内蒙古	天津
6	重庆	辽宁	宁夏	陕西
7	湖北	贵州	安徽	上海
8	福建	河南	山东	河北
9	贵州	山东	—	西藏
10	浙江	云南	—	新疆
11	安徽	宁夏	—	山西
12	四川	—	—	青海
13	江苏	—	—	河南
14	云南	—	—	—
15	吉林	—	—	—
16	辽宁	—	—	—

注："—"代表其他省份的 AAI<1，即不具有比较优势，这里不予分析。

通过对我国各省区市的综合竞争指数进行排名，可以得出如下结论：①一个地区的某种畜牧产品的生产总量大并不能代表该地区具有较高的综合优势指数。如河南省的猪肉产量在 2015 年为 468 万 t，位居全国猪肉产量的第二名，但该省的综合优势指数的得分并不高，只有 0.9641，并不具有明显的竞争优势；而广东省的猪肉产量为 274.2 万 t，全国排名第八，但其综合优势指数全国第一，竞争优势较为明显。②西部地区在牛羊肉以及奶类产品方面的比较优势更为明显。在猪肉的生产中，全国共有 16 个省份具有综合优势，其中西部地区省份只有五席，而该五省区的总产量只占 16 省总产量的 36.08%；在牛肉生产加工中，全国共有 11 个省份具有综合优势，西部地区占据 7 个，西部地区牛肉制品产量占全部 11 省总产量的 38.40%；在羊肉制品中，全国共有 8 个省份具有综合优势，西部地区占据其中 6 席，新疆、青海的综合优势指数均超过 4.0，分别位于全国的第一、第二名，西部地区羊肉制品总产量占 11 省总产量的 78.62%；奶制品方面，全国共有 13 个省份具有综合优势，西部地区占据 6 席，宁夏、内蒙古分别位于全国第一、第二位，其中内蒙古奶类总产量为 812.2 万 t，位居全国第一。总体看来，我国西部地区的畜牧产品中，猪肉的综合优势并不明显，牛羊肉及奶制品的综合优势较为突出，其中西部地区的牛肉制品虽然整体综合优势较好，但在产量方面并不占优。因此，在未来应增加西部地区的牛肉类产品产量，增加市场占有率是提升其竞争优势的重要渠道。奶类方面，则呈现出严重的分化，一类是经济发展较好的地区奶类的综合优势较大，另一类是地广人稀、草场资源丰富的民族地区综合优势较大。这种现象反映了我国奶制品消费观念的转变历程，经济发达地区的消费群体对奶制品整体的消费量较大，具有相对稳定的消费人群，而西部地区则依靠丰富的草场资源实现规模化的生产。从我国乳制品企业的分布来看，大型乳品企业大多位于原料产地。因此，奶类产品的综合优势实际上反映了地域优势。

因此，我国在发展西部地区畜牧产品加工业时，应该注重"因地制宜"的原则。根据不同地区的实际情况对畜牧业及畜牧产品加工业进行合理的调整。在发展各地区的特色畜牧产品的同时，还要考虑该地区所具备的竞争优势与比较优势，对于优势产品，应该予以积极的政策支持，提高其市场份额，在保障畜牧产品的质量与产量的同时，提升其综合优势。

5.3.3 西部地区畜产品竞争力 SWOT 矩阵分析

SWOT 分析是一种综合考虑产业内外部条件，对各种因素进行系统评价，从而选择最佳战略的方法。其中，S 代表产业内部的优势（strengths）；W 代表产业内部的劣势（weaknesses）；O 代表产业外部环境中的机会（opportunities）；T 代表产业外部环境中的威胁（threats）。

产业内部的优势和劣势是相对于竞争对手而言的，一般包括产业的资金、技术设备、从业人员素质、产品、市场等方面。判断产业内部的优势和劣势一般有两项标准：一是单项的优势和劣势，如资金情况，资金雄厚则认为该产业在资金上占优势，市场的占有率低，则认为该产业在市场中处于劣势；二是综合的优势和劣势，综合情况的优劣则需要通过计算确定。产业外部环境中的机会是指在宏观的经济政治背景下，对产业发展有力的因素，如政策支持等。产业外部环境中的威胁是指环境中对产业不利的因素，如竞争对手的产生、市场增长缓慢、技术落后等[5]。

SWOT 分析的目的是推动产业能够更好地对竞争环境做出反应，也就是说整个产业在现有的内外部环境下如何最优地运用自己的资源，并且建立产业未来的资源。图 5-11 为我国西部地区畜牧产品加工业的 SWOT 分析矩阵。

	机会(O) ①"一带一路"倡议 ②西部大开发战略 ③产业扶贫政策	威胁(T) ①竞争对手的竞争优势 ②国家卫生标准的提升 ③国内消费市场趋于饱和
优势(S) ①西部地区自然资源优势 ②特色生态经济 ③比较优势	SO 战略(增长型战略) ①规模化生产 ②推广品牌效应	ST 战略(多种经营战略) ①寻找经验丰富的国际战略合作伙伴 ②提高自身的生产能力与产品质量 ③开发国际市场
劣势(W) ①西部地区加工企业现代化程度低 ②加工企业技术含量低 ③产品单一，高档产品少 ④畜牧业饲养不规范	WO 战略(扭转型战略) ①引入高素质人才，加大科技创新投入 ②寻找经验丰富的国际战略合作伙伴	WT 战略(防御型战略) ①聘请经验丰富的专家 ②选择新型高效的加工技术 ③尽快培养并吸引人才

图 5-11 西部地区畜牧产品加工业的 SWOT 分析

参考文献

[1]刘东华. 企业战略的动态能力构建研究[D]. 天津：天津大学，2010.

[2]李克强. 2016 年政府工作报告[R]. 北京：第十二届全国人民代表大会，2016.

[3]孙忆辛. 农村旅游经济发展的宏观环境分析[J]. 商业时代，2014(10)：121－122.

[4]白玲，孟凡栋，贾书刚，等. 西藏畜产品加工和销售市场调查与分析[J]. 西藏大学学报，2016，31(2)：1－6.

[5]中国注册会计师协会. 公司战略与风险管理[M]. 北京：中国财政经济出版社，2016.

第6章 "新丝路"背景下西部地区畜产品 加工行业发展的新机遇

6.1 区域经济发展面临新机遇

6.1.1 向西开放重要窗口期的区位优势

改革开放以来，我国对外开放水平逐步提升，但由于地理位置、资源条件、基础设施等方面的限制，我国西部地区的经济发展水平仍然落后于中东部地区。

2015年，国家发改委、外交部、商务部联合发布《推动共建丝绸之路经济带和21世纪海上丝绸之路的愿景与行动》，在该规划中，我国西北地区的陕西、青海、甘肃、宁夏、新疆以及西南地区的四川、云南、广西、重庆都涵盖在"丝绸之路经济带"内，在我国对亚洲、欧洲等国家的开放过程中有着不可替代的战略地位和战略优势。

"丝绸之路经济带"构想的提出，为我国西部地区的交通运输业、加工业、仓储物流、旅游业等产业的发展提供了史无前例的契机，促进了西部地区整个产业结构的提升和发展，使得原本一些处于国家边陲的地区逐步上升到重要枢纽地位。

在"丝绸之路经济带"建设的全新历史时期，作为"新丝路"经济带重要节点的西部地区，以其独特的地理位置优势、资源环境优势及民族文化优势，影响着整个经济带的部署和发展，是整个经济带的桥梁和纽带。

在我国西部地区中，新疆、青海、甘肃、内蒙古以及四川的阿坝藏族羌族自治州、凉山彝族自治州、甘孜藏族自治州都是对畜牧业比较依赖的地区。畜牧业作为这些地区的支柱产业，将在"丝绸之路经济带"的新背景下，实现新的发展和跨越，从而为这些地区经济社会发展提供坚实的基础，为国家西部边境安全战略提供保障。

1. 地理位置优势

就国内而言，西部地区位于边缘位置，远离东部、中部核心经济带，但在世界地理中，我国西部地区大都与东亚、南亚、中亚等国家陆地接壤，在"新丝路"经济带建设中具有独特的地缘优势。

新疆位于中国西北边陲，对于中国而言，处于边疆位置，但是新疆"在世界地理中拥有地缘优势，历来就有'亚欧大陆腹地'之称，是古丝绸之路的交通要冲，亚欧第二大陆桥横穿全区，构成中国同中亚、西亚、欧洲经济相互往来的陆上捷径"[1-2]，在"一带一路"经济带建设中发挥核心地区的作用。同时，新疆与八个国家接壤，拥有17个国家级的一类口岸和12个二类口岸，具备面向欧洲、中亚，实现"向西开放"的有利条件[3]。

内蒙古自治区位于中国北部边疆，由东北向西南斜伸，呈狭长形，东西直线距离 2400 km，南北跨度 1700 km，横跨东北、华北、西北三大区。东南西与 8 省区毗邻，北与蒙古国、俄罗斯接壤，国境线长 4200 km[4]。在"新丝路"经济带建设中，内蒙古是连接中蒙俄经济走廊的重要窗口；同时，内蒙古以其独特的地形，成为我国向西和向北开放推进的国际经贸走廊重要连接点[5]。因此，建设内蒙古连接欧亚经贸过境大通道，具有全方位的战略意义。

青海省位于我国西部，雄踞世界屋脊青藏高原的东北部，全省均属青藏高原范围内，是长江、黄河、澜沧江的发源地，故有"江河源头"或"三江源"之称。其北部和东部同甘肃省相接，西北部与新疆维吾尔自治区相邻，南部和西南部与西藏自治区毗连，东南部与四川省接壤，是联结西藏、新疆与内地的纽带[6]。在"新丝路"建设中，青海是我国西部资源的重要集结地和商品消费的主要市场，同时青海省的格尔木也是稳藏固疆的战略要塞[7]，在向西开放中具有政治、经济、军事等多方面的优势。

甘肃省地处黄河上游，东接陕西，南控巴蜀、青海，西倚新疆，北扼内蒙、宁夏，是古丝绸之路的锁匙之地和黄金路段。其地貌复杂多样，形成了陇南山地、陇中黄土高原、甘南高原、河西走廊、祁连山地、河西走廊以北地带这六大各具特色的地形区域。其中，甘南高原是"世界屋脊"——青藏高原东部边缘一隅，其地势高耸、草滩宽广、水草丰美、牛肥马壮，是甘肃省主要畜牧业基地之一。河西走廊是昔日铁马金戈的古战场和古丝绸之路的交通要道，也是甘肃主要的商品粮基地[8]。在新的历史时期，甘肃仍然是我国重要的战略通道和中心地带，是中原联系新疆、青海、宁夏、内蒙古的桥梁和纽带，在"新丝路"建设中处于重要地位。

四川省地处长江上游，东连湘、鄂，南邻滇、黔，西接西藏，北接青、甘、陕三省，是"丝绸之路经济带"和"长江经济带"的交叉点，是"海上丝绸之路"和"陆上丝绸之路"的重要交汇点，是承南接北、通东达西的"一带一路"核心区和重要经济文化中心。省内的民族地区也随着新丝路的建设从边远地区变为开放前沿，如阿坝藏族羌族自治州北部与甘肃、青海相邻，处于"新丝路"经济带重要城市的辐射圈内，必将迎来无法取代的区位优势。

2. 资源环境优势

我国西部地区地域辽阔，具有丰富的土地资源和光热等气候资源，森林、草场、湿地、矿产等种类齐全，是我国巨大的资源宝库。

新疆在地理上是一个相对独立的区域，区域内含有丰富的自然资源，其独特的土水光热资源为新疆农牧业的发展奠定了优越的条件，孕育了大量的天然牧场和畜牧业基地，同时为畜产品加工业奠定了原料基础。新疆的矿产种类全、储量大、开发前景广阔；石油、天然气、煤、铁、铜、金、铬、镍、稀有金属、盐类矿产、建材非金属等蕴藏丰富。在"一带一路"经济带建设中，丰富的资源为新疆的能源建设和各项技术的发展奠定了坚实的基础，同时，有利于各项先进技术的"引进来"和"走出去"。

内蒙古自治区土地资源丰富，是我国重要的农牧业发展基地，内蒙古大草原的面积达到 8700 万公顷，位居我国五大牧区之首，丰富的草场养育了高品质的畜产品，其畜牧业综合生产能力位居全国第一，牛羊肉、奶制品在西部地区中位居第一，在我国食品供应中扮演着重要角色。同时，内蒙古丰富的的耕地资源为内蒙古乃至全国人口的粮食安全做出了重要贡献。在"一带一路"经济带建设中，不仅能为我国的粮食食品安全提供基本保障，而且有助于粮食的出口和畜牧业的扩大发展。

青海省土地类型多样，自西向东冰川、戈壁、沙漠、草地、水域、林地、耕地呈梯形分布。青海是我国牦牛数量最多的省份，对牦牛产品的开发率也几乎达 100%，牦牛肉、奶等资源的加工位居全国首位，虽然目前还处于粗加工，但随着供给侧结构性改革的推进，青海正在逐步建立精深加工，致力打造"世界牦牛之都"[9]。此外，青海拥有世界级的中国最大的盐湖资源，且具备较强的盐湖资源开发技术。同"一带一路"沿线国家一样，青海的有色金属储量丰富，并拥有先进的开采技术优势，"新丝路经济带"的建设为这一技术"走出去"提供了平台，同时为海外储量的获取和开采提供了机会。青海省还拥有丰富的光能、风能和水能等清洁能源，且包括新能源产品技术、标准体系在内的全方位的产业输出正在逐步完善。

甘肃省有着丰富的地质、矿产资源。石油、煤炭、天然气等资源非常丰富，石油储量 68942 万 t，居全国第七；煤炭预测储量 1428 亿 t，居全国第六；长庆油田、玉门油田及华亭煤田、靖远煤田、兰州煤田、金昌镍、镜铁山铁矿等多处大型矿点，是发展现代工业经济的基本依托；特色农业优势更是明显，甘南草场上蓄养着马、驴、骡、牛、羊、骆驼等多种牲畜，形成了独具特色的畜牧养殖体系。

四川省能源资源丰富，主要以水能、煤炭和天然气为主。四川省地质构造复杂，有利成矿，矿产资源丰富，矿产种类比较齐全；矿产资源供应能力较强，是西部乃至全国的矿物原材料生产和加工大省。川西北高原属于青藏高原东南一隅，平均海拔 3000～5000 m，气候高寒，海拔高差大，日照时间充足，形成了独特的川西高原畜牧产业。在"一带一路"经济带的建设中，四川独特的资源禀赋必将迎来新的发展机遇。

3. 历史文化优势

西部地区拥有广袤的地域、悠久的历史和多彩的文化，是我国历史文化和民族文化的集萃地。在长期的历史变迁中，各族人民创造并形成了丰富多彩、相互交融的民族文化，共同构成多元一体的中华文化。

新疆自古以来就是一个多民族聚居和多种宗教并存的地区，各族文化在历史的长河中互相碰撞、融合，形成了多彩而又神秘的西域文化。驼铃声声的丝绸之路、神秘悠远的楼兰文明、美丽神奇的尼雅文化、壮丽多彩的乌孙文化以及各民族传奇的起源传说共同构成了神秘的新疆文化。悠久的历史给新疆留下了繁若星辰的古迹遗址遗迹：交河故城、克孜尔石窟、柏孜克里克千佛洞、阿斯塔纳古墓群、哈密王府、苏巴什古寺、玉素甫·哈斯哈吉甫墓、尼雅古城、楼兰古城、伊犁将军府等不一而足。各种历史遗留及其承载的历史不仅对专业考古研究有极重要的价值，而且是文化产品创意的无限空间和文化产业开发不可复制的资源[10]。新疆的各民族地区与周边国家紧密接壤，因此具有相似的文化习俗和语言文字，双方交流顺畅，有利于我国向西开放过程中文化的传播与输送，为进一步的经济交流奠定了坚实的文化基础。

内蒙古自治区拥有广袤的大草原,依托地形形成的内蒙古草原文化是中华文明的主要发源之一。长久以来,游牧民族在这片土地上生根、发芽、壮大,形成了独属于他们的草原文化圈。那达慕大会是蒙古族每年的重大节日,随着经济社会的发展,那达慕大会已逐渐由原始的体育赛事扩展为集体育、文化、经贸、旅游、展览等多个领域为一体的大型国际盛会。随着"一带一路"经济带的建设,草原文化也迎来了新的历史机遇,传播草原文化,弘扬体育精神,促进经贸发展将成为文化"向西开放"的重要指向。

青海省依据"青海湖"而得名,其历史文化也都围绕着这一生态特色资源而发展。近年来,青海省正在着力打造以青海湖为中心的各式各样的旅游文化节,如"青海湖国际诗歌节""青海文化旅游节"等。青海自古就是多民族聚集地,其境内分布着 53 个少数民族,其中,藏族、回族、蒙古族、撒拉族、土族为世居少数民族,各民族文化相互碰撞交流,各放异彩,形成了异彩纷呈的青海文化。民族的发展必然带来宗教的发展,青海的宗教文化以藏传佛教和伊斯兰教为主,随着宗教的传播,省内的蒙古族、撒拉族、土族等民族逐渐融入到佛教文化和伊斯兰文化中,并深受其教义的影响。随着各式文化旅游节的开展,青海省独特的文化必将传播到世界各国,而各国的文化也将通过青海这一纽带传播到中国内陆。

甘肃是华夏文明的重要发祥地,特别是伏羲和伏羲文化代表着华夏文明的肇始。除了传统的历史文化、黄河文化、中西文化交融形成的丝路文化,各民族聚居形成的民族文化、宗教文化外,以"防御外敌、呼唤和平"为核心的长城文化、追求解放和独立的红色文化等,都是我国珍贵的文化资源。沿着甘肃河西走廊分布着许多历史悠久、文化底蕴深厚的少数民族地区,闻名于世的敦煌莫高窟民俗、肃南裕固族风情、肃北蒙古族风情、阿克塞风俗、天祝藏区风情、雷台奇观、古酒泉传奇、嘉峪关传说、玉门关和古阳关、桥湾人皮鼓、民间筵悦、骆驼队等奇风异俗在这里熠熠生辉[11]。丰富多彩的甘肃文化为"新丝路"的建设奠定了坚实的文化基础,同时"新丝路"的建设也为甘肃文化的发展和充实提供了前所未有的新机遇。

四川地处巴蜀文化圈内,环境优美,物产丰盛,文化丰富多彩,享有"天府之国"的美誉。境内有着丰富的旅游生态资源、宗教文化资源、美食景观资源等,是一个集吃喝玩乐于一体的综合性旅游文化地。随着"一带一路"的建设,国外游客进入四川旅游的便捷程度大大提升,有力地推动了巴蜀文化的传播;四川也借助"一带一路"这一发展平台积极引进国外优秀文化,全方位提升文化领域开放水平,有望"到 2020 年,实现文化领域交流合作机制化和常态化,创作一批'一带一路'主题的巴蜀文化艺术精品,形成一批重大文化交流活动品牌,培育一批具有国际视野和本土文化特质的品牌化、外向型文化企业,培养一批外向型高端文化人才,打造一批具有示范性、带动性的文化产业国际合作平台,巴蜀文化在'一带一路'建设中的重要作用不断彰显,巴蜀文化的影响力不断提升"[12]。

综上,我国西部地区凭借独特的地理位置优势、资源环境优势、历史文化优势等在向西开放中发挥着不可替代的作用,抓住"一带一路"经济带这一平台不断发展自身的各个产业,同时通过"一带一路"经济带的建设,让一大批先进的生产技术"走出去",

面向国际舞台。

6.1.2 区域合作平台提供的机会

随着"一带一路"建设的推进，我国对外开放水平进一步提升，对外开放格局更为宽广，对内区域合作新格局正在逐步建立，新型的国内外开放平台为西部地区的经济发展带来了新的机遇，将引领国内各地区经济发展水平逐步趋向均衡。

新疆位于亚欧大陆腹地，是亚欧区域经济一体化的重要通道，是我国与西亚、中亚、欧洲等国家经济交流的战略节点。"丝绸之路经济带"的建设，给新疆带来了重大的发展机遇，同时，"以点带面"的区域经济发展模式，必将给周边地区的特色产业带来更广阔的市场和更先进的生产技术。在 2017 年"一带一路"国际合作高峰论坛上，天山农牧业发展有限公司与哈萨克斯坦农产品进出口协会的饲草料产业项目成为新疆唯——一个在论坛上的签约项目。哈萨克斯坦虽然拥有丰富的光热水土资源和成熟的畜牧草种植技术，但由于资金短缺等原因，农牧民种植畜牧草面积一直无法扩大，农牧民收入难以提高。而新疆作为我国五大牧区之一，因为草畜不平衡等问题已经严重制约了畜牧业规模化发展，此项目正好弥补了双方的短板，实现了优势互补[13]。这一项目的合作，为双方今后的发展打下了良好的基础，为其他领域的合作开拓出更大的空间。

内蒙古自治区独特的区位优势，决定了在共建"一带一路"过程中，特别是在"中蒙俄经济走廊"建设中具有极其重要的作用。通过满洲里口岸、俄罗斯后贝加尔斯克口岸、二连浩特口岸、蒙古扎门乌德口岸、甘其毛都口岸、蒙古嘎舒苏海图口岸、珠恩嘎达布其口岸、蒙古毕其格图口岸和扎门乌德口岸等多个口岸的建设，建立起内联东北（黑吉辽、蒙东）经济区、京津冀经济区、大连港、锦州港、天津港、秦皇岛港等内陆经济带，外接蒙古国乌兰巴托铁路、俄罗斯欧亚大铁路至欧洲腹地的大通道，打造以内蒙古各口岸为核心的全方位的经济发展区域。

青海省是"一带一路"东西双向重要的商贸物流承接点、接续地，是向西开放合作的重要节点。在融入"一带一路"建设中，青海省积极与其他地区建立区域合作。2015年，在海东市举办的中国·青海绿色发展投资贸易洽谈会上，专门设立"一带一路"综合馆，期间开展了多场论坛和推介交流会，以吸引外资项目、扩大对外开放为目标的外资项目推介交流会，以发展青海特色产业为主题的（青海）特色产业项目推介交流会，以及为了加快高原特色旅游文化开发和提高青海旅游产品知名度的特色旅游产品推介交流会[14]。2017 年 6 月 11 日，在"2017'一带一路'绿色开放发展（青海）峰会暨中国西北城全球发布盛典"中，启动"'一带一路'·绿色开放发展青海行——中国·西北城全球发布启动仪式"、发布"'一带一路'·青海重大项目"、举办青海"一带一路"重大项目（青海西北城）与知名企业阿里巴巴的签约仪式并与多国驻华使馆对接合作[15]。2017 年 7月，青海省人民政府口岸管理办公室与青岛市人民政府口岸办公室在西宁签署口岸跨区域合作框架协议，这一协议的签署，为双方在"一带一路"建设中，提供了交流合作、互利共赢的保障，有利于双方发挥区位优势和资源优势，推动口岸功能的延伸服务，为两地货物贸易、现代物流和经贸发展提供必要的口岸支持，携手建立大通关区域合作机制，推动两地经贸物流的发展与繁荣[16]。

甘肃省在"一带一路"建设中,扮演着黄金段的角色,构建起以兰州新区为重点的经济平台、以丝绸之路(敦煌)国际文化博览会和华夏文明传承创新区为重点的文化交流合作平台、以中国兰州投资贸易洽谈会为重点的经贸合作平台,各平台一体规划、一体建设、一体推进,共同发挥综合经济文化优势和向西开放纵深保障支撑作用。建设面向新亚欧大陆桥经济走廊、中蒙俄经济走廊、中国—中亚—西亚经济走廊、中国—中南半岛经济走廊、中巴经济走廊、孟中印缅经济走廊为重点的经贸产业合作和人文交流窗口[17]。各平台的建立,为沿线地区国家间的交流提供了安全、开放的通道。

四川是向西开放的前沿阵地,在"一带一路"建设中,四川省不仅加强与沿线国家的交流合作,而且突出与重点省市的互利合作,打造全方位的内陆战略开放高地。先后同"丝绸之路经济带"的节点城市广东、福建、云南、新疆四省签署了全面战略合作框架协议。"一带一路"倡议提出后,四川积极建立自贸区,加快融入中国—东盟自贸区、大湄公河次区域发展、孟中印缅经济走廊建设和俄罗斯伏尔加河沿岸联邦区的合作中,扩大对外开放和区域合作,成功联结和整合"陆上丝绸之路""海上丝绸之路"以及长江经济带,为川内产业发展提供更广阔的平台。

众所周知,由于地理位置不同,"一带一路"沿线各国拥有的自然资源禀赋不同。我国西部地区与沿线城市、国家的合作中应取长补短、互惠共赢,共同构建高度互信、开放包容、普惠多赢的全球区域经济合作平台,从而为推进"一带一路"建设提供新的动力。

6.1.3 基础设施建设提供的贸易机会

在国家发改委、外交部、商务部 2015 年联合发布的《推动共建丝绸之路经济带和 21世纪海上丝绸之路的愿景与行动》中指出"基础设施互联互通是'一带一路'建设的优先领域。在尊重相关国家主权和安全关切的基础上,沿线国家宜加强基础设施建设规划、技术标准体系的对接,共同推进国际骨干通道建设,逐步形成连接亚洲各次区域以及亚欧非之间的基础设施网络。"西部地区在加强基础设施建设,完善交通网络的同时,为本地区经济贸易提供了全新的发展机遇。

新疆地域辽阔,地形复杂,特殊的地形地貌在一定程度上阻隔了新疆与内陆的交流,但是经过长期以来的不懈努力,新疆已经形成了以公路为基础,铁路为骨干,包括民用航空、输油气管道等四种运输方式相配合,内连区内各地(州、市)和县,外连国内西、中、东部地区以及周边国家的综合运输网络。2017 年 6 月,新疆维吾尔族自治区第十二届人民政府第 50 次常务会议研究审议了《丝绸之路经济带核心区交通枢纽中心建设规划(2016—2030 年)》,该规划中提出:"编制建设规划要立足长远,对新疆实现由国家交通网络'末端型'向'亚欧交通枢纽中心型'地位转变进行战略谋划,有力支撑我国与中亚、南亚、西亚及欧洲等国家的国际交流合作"[18]。2017 年,新疆铁路部门主要建设的格尔木至库尔勒铁路和阿勒泰至富蕴至准东铁路两个项目,是国家"十横十纵"综合交通运输通道的组成部分,更是"东联西出"三大铁路通道中南、北通道的重要组成部分,通道建设对完善铁路网布局具有重要意义。新疆的公路设施建设也在不断扩大,各大通道正在紧锣密鼓地建设中。多种交通方式共同构成一套完善的综合交通运输体系,共同为自治区经济社会发展起到重要的支撑作用，为新疆建设"丝绸之路经济带"核心区交通枢纽中心和商贸物流中心作出应有贡献。

内蒙古依托满洲里口岸、俄罗斯后贝加尔斯克口岸，共建内连东北（黑吉辽、蒙东）经济区、大连港、锦州港，外接俄罗斯欧亚大铁路至欧洲腹地，打造满洲里跨境自贸区和呼伦贝尔中俄蒙合作先导区；依托二连浩特口岸、蒙古扎门乌德口岸，共建内连京津冀经济区、天津港、秦皇岛港，外接蒙古国乌兰巴托铁路，延伸至俄罗斯欧亚大铁路，连接至欧洲腹地，推进呼包鄂一体化协同发展，打造以呼包鄂为核心的沿黄河交通干线经济带，进一步深化创新与俄罗斯、蒙古国开放合作机制；依托境内京包、包兰、兰西和临策—哈密铁路，共建向西经新疆至中亚的经贸大通道，连通中国、中亚、西亚的经济走廊，推动呼包鄂榆城市群开发开放；依托甘其毛都口岸、蒙古嘎舒苏海图口岸，共建向北连接蒙古国新计划的铁路，连通蒙古国南部集聚区，向南连接西安、广西、广东，贯穿长江经济带，延伸到"海上丝绸之路"；依托珠恩嘎达布其口岸、二连浩特口岸和蒙古毕其格图口岸、扎门乌德口岸，共建二连浩特经锡林浩特至锦州港大通道，连接锦州港、营口港及环渤海经济区，外接蒙古国东南部集聚区，直通俄罗斯欧亚大铁路，打造锡（林郭勒）赤（峰）朝（阳）锦（州）中蒙俄国际陆海经济走廊和合作示范区。

青海省地貌广阔，交通基础设施相对落后。随着"丝绸之路经济带"的建设，青海省正在尽力完善基础设施建设。2016 年，牙什尕至同仁、茶卡至格尔木等 9 条高速公路基本建成通车，当年新增公路里程 2986 km。2017 年 5 月，西海至察汗诺一级公路正式开工，该公路建成后将进一步完善青海省高速公路网，有效缓解海北、海西地区公路交通压力，提升地区交通公共基本服务水平，带动沿线地方经济、交通及旅游事业发展，为沿线地区融入"一带一路"经济带建设提供交通保障。

甘肃省的敦煌、兰州，作为亚欧大陆桥和西陇海兰新线经济带主体性关键地段和腹地地区，高速公路、铁路、航空畅通发达。在"丝绸之路经济带"中，陇海线、兰新线是经济通道中国段的主轴，兰州是这条中轴线上的中心枢纽。作为黄河上游一个省会城市，兰州的区位优势特别明显，其一是中国大陆板块的几何中心，其二是一个交通枢纽。兰州呈现一个向四面八方放射状的枢纽态势，主要的干线包括兰新、西兰、兰包、兰宁铁路，正在修建的还有兰州到重庆、兰州到四川的铁路及兰州到青岛的高速公路等[19]。

四川省作为中西部的中心地，是整个西部地区铁路、公路、民航等基础设施建设最完善的省份。随着"一带一路"经济带的建设，其基础设施升级日益完善，辐射范围日益扩大。2013 年 4 月，成都至波兰罗兹的"蓉欧快铁"正式开行，此次列车经宝鸡、兰州至新疆阿拉山口出境，途经哈萨克斯坦、俄罗斯、白俄罗斯等国最终到达波兰罗兹站，成为连接亚欧大陆，辐射、串联中国西部与欧洲的经贸大动脉。2016 年 6 月 9 日，适逢成都至波兰罗兹的第 300 趟列车发车之际，中国铁路启用"中欧班列"统一品牌，我国开往欧洲的所有班列将全部采用这一品牌。"中欧班列"的开通和运行，为四川省向西开放和"走出去"提供了新的历史机遇，带动了四川省物流、仓储、加工、金融、旅游等多行业的产业结构升级和全方位的开放升级。同时，四川省政府正在大力推进铁路大通道建设和成都天府国际机场建设，加快形成连接"六大国际经济走廊"的国际大通道和成都双流国际机场开放水平的提升，不断增强四川省"空中丝路"的集聚辐射能力。各大通道的建设为四川旅游发展提供了新的机遇，国外游客进入四川旅游的便捷程度大大提升，同时，带动了旅游地其他产业的发展和扩大，为各产业的升级带来了历史性机遇。

6.2 "新丝路经济带"带来的制度红利

6.2.1 "新丝路经济带"的战略布局

习近平同志在"一带一路"倡议中提出：根据"一带一路"走向，陆上依托国际大通道，以沿线中心城市为支撑，以重点经贸产业园区为合作平台，共同打造新亚欧大陆桥、中蒙俄、中国—中亚—西亚、中国—中南半岛等国际经济合作走廊；海上以重点港口为节点，共同建设通畅、安全、高效的运输大通道。中巴、孟中印缅两个经济走廊与推进"一带一路"建设关联紧密，要进一步推动合作，取得更大进展。这一构想形成了多位一体的经济发展格局。

"新丝路经济带"的提出，是我国应对产能过剩的发展危机所提出的对策。同时，人民币区域化和亚洲基础设施投资银行(AIIB)的成立，为"一带一路"经济带建设提供了坚实的资本基础。

"新丝路经济带"不断释放的政策红利必将对西部地区畜牧产品加工行业提供前所未有的大力支撑。

1. 区域布局：六大经济走廊是主要骨架

新亚欧大陆桥经济走廊：从江苏连云港市到荷兰鹿特丹港，途经江苏、安徽、河南、陕西、甘肃、青海、新疆 7 个省、区，到中哈边界的阿拉山口出国境的国际化铁路交通干线，我国境内由陇海铁路和兰新铁路组成，是连接中国、中亚、东欧的重要通道。"新丝路"建设中，扩大了亚太地区和欧洲国家之间的经贸合作。

中蒙俄经济走廊："丝绸之路经济带"北线，对接俄罗斯跨欧亚大路桥、内蒙古草原之路，是我国与欧亚经济联盟(欧亚联盟)进行贸易往来的重要通道，是中俄贸易关系的突破口，有利于实现中俄铁路、公路的互联互通。

中国—中亚—西亚经济走廊："丝绸之路经济带"中线，东起中国新疆，向西经中亚五国(哈萨克斯坦、吉尔吉斯斯坦、塔吉克斯坦、乌兹别克斯坦、土库曼斯坦)抵达波斯湾、地中海沿岸和阿拉伯半岛的西亚国家，是丝绸之路经济带的重要组成部分，是我国与欧亚联盟、非洲联盟(非盟)、阿拉伯国家联盟(阿盟)进行经济往来的重要通道。

中国—中南半岛经济走廊：以广西南宁和云南昆明为起点，以新加坡为终点，纵贯中南半岛的越南、老挝、柬埔寨、泰国、马来西亚等国家，是中国连接中南半岛的大陆桥，也是中国与东盟合作的跨国经济走廊。

中巴经济走廊：起点在新疆喀什，终点在巴基斯坦的瓜达尔港，全长 3000 km，北接"丝绸之路经济带"、南连"21 世纪海上丝绸之路"，是贯通南北丝路的关键枢纽，是一条包括公路、铁路、油气和光缆通道在内的贸易走廊，也是"一带一路"的重要组成部分。

孟中印缅经济走廊：2013 年 5 月由李克强总理访问印度期间提出，得到印度、孟加拉国、缅甸三国的积极响应。该倡议对深化四国间友好合作关系，建立东亚与南亚两大区域互联互通有重要意义。

2. 产业布局：优势互补是主要途径

（1）我国产业布局的现状。大部分工业产业仍集中在东部沿海地区，而西南、西北地区集中分布着资源密集型行业，中部内陆地区工业体系较为齐全，已经出现承接沿海地区产业趋势，东北作为发展最早的工业基地，石油和黑色金属开采及加工冶炼等重化工业、设备制造业是其优势产业。

（2）我国产业布局的主要问题。一是不同区域规划和产业政策之间缺乏有效协调。目前我国虽然已经制定了一系列区域发展规划，如西部大开发、促进中部崛起等；但这些区域性国家战略或规划往往着眼于某一区域或地区，没有针对区域与区域之间的协同和融合，容易导致不同地区之间出现重复建设。二是地区间产业结构趋同。由于财政体制不健全，单纯追求经济增长的考核机制，地区之间的竞争逐渐强化，各地区都追求"大而全""小而全"的产业结构，东、中、西部地区之间的工业结构相似率较高。产业结构趋同加大了地区之间的竞争，不利于发挥各地区的比较优势，低水平重复建设和企业规模不经济降低了资源配置效率，也造成了地区市场分割，使得全国统一市场体系难以形成。三是工业布局过度集中于东部地区。虽然中西部省份工业不断发展，但我国工业布局仍主要集中于东部沿海地区，中西部地区更多是资源输出，大量的资本、劳动力和自然资源仍不断从中西部地区流向沿海地区。这一趋势使得中西部地区工业的自我发展能力和产业优势难以发挥。

（3）我国产业布局的新机遇。对于国际层面而言，"丝绸之路经济带"陆路运输的建设，有利于我国利用高铁建设的竞争优势，与沿线国家优势互补，互通互利，消化吸收相关产业过剩的产能。如哈萨克斯坦虽然拥有丰富的光热水土资源和成熟的畜牧草种植技术，但由于资金短缺等原因，农牧民种植畜牧草面积一直无法扩大，农牧民收入难以提高。而新疆作为我国五大牧区之一，因为草畜不平衡等问题已经严重制约了畜牧业规模化发展，双方在"一带一路"国际合作高峰论坛上签署的饲草料产业项目正好弥补了双方的短板，实现了优势互补[13]。中亚五国具有同我国西部地区相似的丰富的自然资源和各种能源，主要有天然气、石油、有色金属、稀有金属等，但资源密度远远大于我国西部地区；其自然地理条件造就了这些国家的主要产业为石油化工、金属制造业等重工业。我国东部地区的轻工业和第三产业对生产要素的大量需求，不仅为中亚五国和西部地区提供了商品供给和要素需求市场，而且也加强了"新丝路"沿线各地区和国家的经贸合作，为"新丝路"的发展奠定了经济基础。对于国家层面而言，大量的技术开发区、工业园区、高新区仍存在于各个地区，建筑面积过大、产业项目雷同、闲置率高等问题阻碍了地区经济的发展。"新丝路"建设中，政府部门应发挥带头作用，加强区域内和跨区域的产业协调联动，整合闲置的、效益低下的经济开发区和工业园区；加强区域内各大平台的交流，促进平台产业、人才、技术等多层次的合作，完善区域内产业布局；加强不同区域平台的合作，尤其是东西部之间的交流与合作，两区域省份应加强政策沟通，积极探索出一条优势互补的发展道路，以优化发展格局，推动整个区域的协调发展。

3. 资本布局：人民币的国际化是战略关键

"一带一路"倡议的提出，为我国金融业的发展提供了重要的发展机遇，为我国金融业走向亚欧市场乃至全球，提供了丰富的机会。我国银行业积极支持"一带一路"金融建设：中国银行不断推进"一带一路"沿线国家人民币国际化业务，铺设金融网点，打造金融通道，引入金融活水，多措并举打造"一带一路"金融大动脉，在"一带一路"沿线区域和离岸金融中心，积极引导企业和当地民众使用人民币，扩大人民币贷款规模，推进和完善人民币清算体系建设；工商银行在支持"一带一路"倡议中，重点支持陕西基础设施建设、交通网络、能源资源类企业"引进来"和"走出去"、文化旅游项目、陕西省与丝绸之路沿线国家的产业合作、西安区域金融中心等六大领域的建设和发展。

金融融通是"一带一路"建设的重要环节。2014 年 12 月 29 日，丝路基金的设立是我国利用外汇储备支持"一带一路"建设的具体体现。该基金是一个开放式的平台，其首先考虑的就是回报周期较长的"一带一路"基础设施建设。其次，PPP、私募资金、保险公司、社保基金等都可以参与此基金。除了国家资本外，民营资本"走出去"也迎来了新的历史机遇，民企与央企的配合是互补的，二者应互相配合，共同为"一带一路"建设做贡献[20]。

增强人民币的国际化是"一带一路"金融建设的重要一步，在中国推动下的亚洲基础设施投资银行(AIIB)则是这一建设的关键所在。一方面，通过与沿线各国的贸易逆差向外输出人民币；另一方面，给予沿线各国一定的外汇优惠，促使当地民众和企业使用人民币，逐步扩大人民币的区域化和国际化[21]。

6.2.2 西部地区的节点功能

1. 地理节点

在"一带一路"建设中，西部地区都处于重要的"新丝路"节点。

核心区——新疆。新疆位于亚洲中心，是"丝绸之路经济带"的核心区。其首府乌鲁木齐和西南部的喀什是"新丝路"经济带的重要节点城市。乌鲁木齐作为核心区交通枢纽中心、商贸物流中心、金融服务中心、科教文化中心、医疗服务中心的重要承载区，是新疆全区对外开放的重要城市；喀什位于我国西北边境线，与巴基斯坦、阿富汗、印度、吉尔吉斯斯坦、塔吉克斯坦相邻，是我国"向西开放的桥头堡"。2010 年建立的喀什经济特区是我国内陆第一个经济特区，是"丝绸之路经济带"核心区的重要增长极和经济中心。

向北开放桥头堡——内蒙古自治区。内蒙古位于中国北部边疆，是"一带一路"陆路通道中的重要节点。满洲里、二连浩特国家重点开发开放实验区及呼伦贝尔中俄蒙合作先导区的建立，将会成为内蒙古向西、向北开放的重要节点。满洲里地处中蒙俄三角地带，是第一欧亚大陆桥的交通要冲，承担了中俄贸易 60% 以上的货运量，在国家沿边开放格局中具有举足轻重的战略地位和作用；二连浩特作为连接中蒙俄经济走廊的重要窗口，是我国向北开放国际通道的重要枢纽和沿边地区重要的经济增长极；"呼伦贝尔市与俄罗斯、蒙古国陆地接壤，拥有正式对外开放口岸 8 个，边境口岸旗市区 6 个，向北经俄罗斯西伯利亚大铁路通欧洲，向西可达蒙古国东部三省及腹地，向东沿滨州线可接东北腹地与沿海港口及日韩等国，是推动东北亚合作的有力支点"[22]。同时，众多口岸的开放，将为内蒙古"引进来"和"走出去"提供战略平台。

战略通道、支点、人文交流中心——青海省。青海位于我国西部，其省会西宁、"黄金腹地"海东和"战略要塞"格尔木都是"丝绸之路经济带"上重要的节点城市。西宁作为青海省重要的商品消费市场和物流集散中心，将随着"一带一路"经济带的建设而成为立足大西北，辐射全国，服务西亚、南亚的现代商贸物流城市。海东市政府在"丝绸之路经济带"这一重大机遇面前，努力打造向西开放合作的重要节点和黄金腹地，2015 年 6 月 15 日，在海东举办的中浦院—青海亚欧国家"丝绸之路经济带"经济开发与合作论坛为海东市融入"丝绸之路经济带"建设提供了重要平台，同时提升了海东的开放度、融入度，使海东成为丝绸之路经济带上重要的产业基地、商贸物流基地、人文交流基地[14]。格尔木是西部的地理中心，是连接青海、西藏、新疆、甘肃的战略要塞，自古就是稳藏固疆的战略要塞，面对新形势新任务，大格铁路规划启动实施后，格尔木向东可融入"成渝经济带"，向北可营建"陕甘青藏经济带"，并可连接长江经济带和"21世纪海上丝绸之路"[7]，在向西开放中具有政治、经济、军事等多方面的优势。

黄金段——甘肃。甘肃作为古丝绸之路的锁匙之地和黄金路段，正在着力构建我国向西开放的重要门户和次区域合作重要基地，重要节点城市有：兰州、白银、酒泉、嘉峪关、敦煌。目前，甘肃正在构建兰州新区、敦煌国际旅游文化名城和"中国丝绸之路博览会"三大战略平台，这三大战略平台的构建，将为节点城市及其周边地区带来新的平台和机遇。同时，在资源开发、装备制造、特色农产品加工等多行业加强与丝绸之路沿线国家之间的贸易交流。

重要交通枢纽、经济腹地——四川。四川是"海上丝绸之路"和"陆上丝绸之路"的重要交汇点，是承南接北、通东达西的"一带一路"核心区和重要经济文化中心。为了推动"一带一路"倡议的实施，四川省政府正在努力扩大对外开放，对内筛选出 100家与"一带一路"沿线国家有较好贸易投资基础的重点企业，实施重点引导，扩大开放；对外筛选 20 个四川省具有较大产业优势的"丝绸之路经济带"沿线国家，并从中筛选 50个双向投资重大项目，实施重点跟踪，强力促进。随着双向投资项目的实施和扩大，必将给四川省带来新的机遇和发展平台。

2. 开放平台

"一带一路"建设以来，各地成功举办了一系列以"一带一路"为主题的国际峰会、论坛、研讨会、博览会，如青海海东举办的青洽会、甘肃举办的丝绸之路（敦煌）国际文化博览会等都对丝绸之路沿线各国增进理解、凝聚共识、深化合作发挥了重要作用。

《推动共建丝绸之路经济带和 21 世纪海上丝绸之路的愿景与行动》中指出，"继续发挥沿线各国区域、次区域相关国际论坛、展会以及博鳌亚洲论坛、中国—东盟博览会、中国—亚欧博览会、欧亚经济论坛、中国国际投资贸易洽谈会，以及中国—南亚博览会、中国—阿拉伯博览会、中国西部国际博览会、中国—俄罗斯博览会、前海合作论坛等平台的建设性作用。支持沿线国家地方、民间挖掘"一带一路"历史文化遗产，联合举办专项投资、贸易、文化交流活动，办好丝绸之路（敦煌）国际文化博览会、丝绸之路国际电影节和图书展。倡议建立"一带一路"国际高峰论坛"[23]。

6.2.3　制度红利带给西部地区畜产品加工行业发展的机会

1. 更多元的贸易通道

随着六大经济走廊的建立和铁路、公路、航空等交通基础设施的不断完善，我国西部地区畜产品将迎来更多元的贸易通道。

新疆阿拉山口综合保税区经过 3 年的发展建设，其基础设施建设日趋完善，综保区内企业涉及仓储物流、粮油加工、整车进口及国际贸易等行业；中哈霍尔果斯国际边境合作中心有多领域的近 30 个重点项目入驻，已成为西部商品交易的重要口岸。新疆地区的畜产品通过新亚欧大陆桥向内可以与国内各省市区进行贸易往来，向外可以经阿拉山口出境运往中亚五国、东欧、西欧等国家；通过中国—中亚—西亚经济走廊运往西亚、非洲以及阿拉伯国家；也可以经中巴经济走廊运往巴基斯坦及其周边国家。

内蒙古地区凭借狭长的地形特点，拥有多个开放口岸，可以向多个地区和国家输送畜产品：一是依托满洲里口岸、俄罗斯后贝加尔斯克口岸，对内可以运往东北（黑吉辽、蒙东）经济区、大连港、锦州港；对外经俄罗斯欧亚大铁路至欧洲腹地，可在满洲里跨境自贸区和呼伦贝尔中俄蒙合作先导区进行畜产品加工业的发展和畜产品的商品流通；二是依托二连浩特口岸、蒙古扎门乌德口岸，对内可达京津冀经济区、天津港、秦皇岛港，对外通过蒙古国乌兰巴托铁路，与俄罗斯欧亚大铁路连接至欧洲腹地；三是依托境内京包、包兰、兰西和临策—哈密铁路，向西连通中国—中亚—西亚经济走廊，经新疆输送至中亚、西亚等国家；四是依托甘其毛都口岸、蒙古嘎舒苏海图口岸，向北连接蒙古国新计划的铁路，输送到蒙古国南部集聚区，向南可输送到西安、广西、广东，贯穿长江经济带，延伸到海上丝绸之路；五是依托珠恩嘎达布其口岸、二连浩特口岸和蒙古毕其格图口岸、扎门乌德口岸，通过二连浩特经锡林浩特至锦州港大通道，输送到锦州港、营口港及环渤海经济区，对外通过蒙古国东南部集聚区，直通俄罗斯欧亚大铁路，打造锡（林郭勒）赤（峰）朝（阳）锦（州）中蒙俄国际陆海经济走廊和合作示范区。

青海省地处中巴经济走廊和丝绸之路经济带的十字要冲，是新亚欧大陆桥的重要节点城市，是通往新疆的重要门户。作为"一带一路"东西南北的枢纽，其贸易通道四通八达，是从东亚到中亚、西亚乃至南亚的大多数国家更便捷的通道。

甘肃省位于"一带一路"的黄金地段，对外其畜产品贸易可通过亚欧大陆桥到达中亚、欧洲；对内可以通过西陇海兰新线参与国内贸易；同时，高速公路、航空等共同构成了甘肃四通八达的贸易合作通道。

四川省位于多个经济带的交汇处，也建有自己的自贸区。其畜产品贸易通道更为广泛，向东可通过"海上丝绸之路"和长江经济带进行经贸活动，向西、向北均可通过"陆上丝绸之路"与周边地区国家进行贸易交流，向南可以通过云南境内与孟印缅等东南亚国家交流。

贸易通道的多元化，对西部地区畜牧产品加工行业来说，意味着更多的市场渠道，将带动整个畜产品行业的产业结构升级和产能提升。

2. 更广阔的国际市场

"一带一路"倡议的实施，为西部地区畜产品提供了巨大的需求市场。以阿盟为例，其主要国家依靠源源不断的石油资源和丰富的旅游资源获得了巨大的财富，但畜牧业发展相对落后，对牛羊肉和奶制品有很大的需求量，这就为我国西部地区畜产品"走出去"提供了广阔的国际市场。反观丝绸之路经济带沿线的中亚、南亚等国，大都属于农业国，畜牧业在国民经济中占很大的比重，但这些国家畜牧业生产相对粗放，产量比较低，畜产品的加工也比较粗糙，很难满足大都市居民对品质的要求。相反，我国西部地区的畜乳产品质量相对高很多，加工技术也比较先进，这就为我国畜产品和加工技术的"走出去"提供了广阔的国际市场。

随着双边贸易和多边贸易的开展，我国畜乳产品将通过发达的国际贸易通道，运往更广阔的国际贸易市场，同时将引进更先进的生产技术。

国际市场扩展，对西部地区畜牧产品加工行业发展将产生需求端的拉动，在适应国际市场畜牧加工产品需求量剧增和产品品质提升的过程中，西部地区畜牧产品加工行业的产能扩张和产品创新将更为活跃。

3. 更大的创新空间

"一带一路"倡议的区域合作带给了我国与沿线有关国家沟通磋商的机会。在基础设施互联互通、产业投资、资源开发、经贸合作、金融合作、人文交流、生态保护、海上合作等领域的重大项目合作中，不同的文化制度和思维方式会产生很多的碰撞，这样的交流碰撞有利于推进我国的思维创新；同时，别国先进的理念和设计也会触发我国的技术创新。

依据"一带一路"倡议要求，我国金融业正在推进金融创新，在积极拓展金融合作空间的同时，"进一步完善开发性、政策性金融机构和丝路基金等双（多）边合作基金的融资功能，开展国际金融合作，在实践中创新服务'一带一路'建设的金融长效机制"[24]。金融服务的创新，为实体经济行业带来更多的融资渠道，促进了整个行业的发展和升级。

不同的国家和地区实施不一样的经济体制、法律体系和政策体系，"一带一路"倡议的提出，可以适当降低双（多）边合作的壁垒，但克服"一带一路"沿线各国的制度差异为双（多）边投资合作和贸易往来带来的障碍和壁垒必将是任重而道远的历程[25]。这就需要政策创新的支撑，政府部门需时时关注双（多）边贸易，及时了解贸易壁垒和障碍，针对不同障碍，制定适合的政策举措，以加强政策创新，促进整个产业的升级和创新。

区域合作的差异必将带来思维、技术、政策等多方面的创新。文化的碰撞为西部地区带来了全新的发展理念和发展空间，生产技术的升级和科技创新体系的引入为畜牧产品加工业带来更高效的产能，金融体系的创新为西部地区畜牧产品加工业开拓更广阔的融资通道，政策举措的创新为西部地区畜牧产品加工业提供坚实的制度保障。

6.3 国内外关注度提升

"一带一路"倡议的提出，不仅是中华民族实现伟大复兴的必要途径，更是世界经济发展的新趋势，势必引起国内外的广泛关注。随着关注度的提升，"一带一路"给西部地区带来的商业贸易机会、资本引入机会和人才引入机会都会增加，而这些都将为西部地区畜牧产品加工行业带来更大的发展机遇。

6.3.1 商业贸易机会增加

交通基础设施的互联互通，为商业贸易奠定了基石，开拓了四通八达的贸易通道和贸易市场。作为"新丝路"经济带的核心地带，我国西部地区拥有多元的贸易通道，广阔的贸易市场和无限的创新空间，向西连接着西亚、南亚、欧洲等广阔的国际市场，向东连接着东部发达的国内市场，不同的市场输送不同的资源，也带来不同的发展机遇，极大地促进了商业贸易的繁荣与发展。

"一带一路"倡议十分强调"强化多边合作机制"，即发挥上海合作组织（SCO）、中国—东盟（"10＋1"）、亚太经合组织（APEC）、亚欧会议（ASEM）、亚洲合作对话（ACD）、亚信会议（CICA）、中阿合作论坛、中国—海合会战略对话、大湄公河次区域（GMS）经济合作、中亚区域经济合作（CAREC）等现有多边合作机制作用，引导相关国家加强合作与沟通，在求同存异的理念下削弱制约双边开展合作和贸易的各类无形和人为壁垒。这将有助于从制度层面上兑现双边或多边存在合作的潜力，进而开创新型的合作机制并探索新时期经济发展的新动力，让更多国家和地区参与"一带一路"建设。

六大经济走廊的建立，多个西部地区口岸的开放，为西部地区带来了更大的贸易平台。作为"新丝路"重要节点的西部地区都将成为经济贸易、物流仓储、交通运输、加工制造等多行业的中心。畜牧产品加工业是西部地区的特色产业，同时，我国拥有很多的畜牧产品加工业的相关专利技术，如牲畜改良、皮毛加工等方面都有较成熟的加工技术。这些技术使得我国西部地区畜牧加工产品品质优良、安全可靠，吸引着国内外的广大消费者，带来了巨大的需求市场。广阔的贸易平台和巨大的需求市场将给西部地区畜牧产品加工业带来更多的贸易机会和更广阔的市场。

6.3.2 资本引入机会增加

"新丝路"经济带东端牵着亚太经济圈，西端系着发达的欧洲经济圈，市场广阔，人口密集，是最具有发展潜力的经济带。

资金融通是"一带一路"建设的重要支撑，推动着亚洲货币稳定体系、投融资体系和信用体系建设。我国银行业和民资企业积极响应"一带一路"建设，不断推进沿线国家人民币国际化业务，给予沿线各国适当的汇率优惠，促进他国投资的增加，增加资本的流入。同时，我国政府和银行业共同推进亚洲基础设施投资银行、金砖国家开发银行筹建，为引入外资打好基础。

完善的基础设施建设为商业贸易提供了有利的条件。西部地区作为我国与周边国家联系的门户，交通通信网络趋于完善，六大经济走廊的建设和多领域平台的开放为资本流入奠定了坚实的物质条件基础，吸引着更多资本的投入。

宽松的政策环境是吸引外资的政治保障，我国政府欢迎各国企业来华投资，在"一带一路"建设中正努力加快投资便利化进程，消除投资壁垒，加强双边投资保护协定，避免双重征税协定磋商，保护投资者的合法权益。

多元的资金融通模式、完善的基础设施建设、宽松的政策环境为西部地区畜牧产品加工业带来了更多的资本流入。随着资本流入的增加，将为西部地区畜牧产品加工行业的技术创新提供资本供给，填补技术创新的资本缺口，促进畜产品加工业创新体系的建立和规模化生产。

6.3.3　人才引入机会增加

"一带一路"建设打造了一个国际化的贸易渠道，这给产业发展创造了新的机会。一批新产业会落地，企业会发展，就业会增加，进而也会吸引一批人才。我国西部地区应借此发挥国际市场的作用，发展多方位的外向型经济，为西部地区人才的发展创造全新的平台。我国西部地区处于"新丝路"经济带的核心地带，与东部相比，虽然发展程度相对低，但是在国家各项政策的扶持和"一带一路"经济带建设过程中，与周边国家的联系程度十分密切，且发展红利十分诱人、发展前景非常可观，有利于人才的聚集。

我国在"一带一路"建设中，扩大相互间留学生规模，开展合作办学，每年向沿线国家提供1万个政府奖学金名额。沿线国家间互办文化年、艺术节、电影节、电视周和图书展等活动，合作开展广播影视剧精品创作及翻译，联合申请世界文化遗产，共同开展世界遗产的联合保护工作。文化的交流会增加人才流入的机会，中华文化博大精深，吸引着很多外国学生和学者。同时，深化沿线国家间人才交流合作，为各国学生提供更多的选择机会，提供更宽广的交流平台。

人才的流动是经济文化、技术资源、思维方式的交流与融合，外来人才将带来新的思维方式和技术资源，内部人才在外学习交流也将带回他国(地)先进的技术和资源，这就为西部地区畜牧产品加工业注入了新鲜的血液，同时为行业创新提供了强大的智力支持。

综上，我国西部地区凭借其独特的地理位置优势、资源环境优势及历史文化优势，充分利用"一带一路"建设带来的区域合作机会，依靠基础设施建设带来的便利，发挥节点城市的平台作用，为本地区畜牧产品加工业的发展赢得了多元的贸易渠道、广阔的国际市场和宽广的创新空间。随着国内外关注的提升，"一带一路"建设给西部地区畜牧产品加工业带来的商业贸易机会、资本引入机会和人才引入机会都会增加，而这些都将对畜牧产业发展带来很好的机遇。

参考文献

[1]陈延琪. 新疆具有重要的战略地位[J]. 新疆社会科学，1998(5)：8—13.

[2]何一民. 机遇与挑战：新丝绸之路经济带发展战略与新疆城市的发展[J]. 四川师范大学学报(社会科学版)，2015，42(2)：16—27.

[3]谢婷婷,马洁. 丝绸之路经济带西部10省开放型经济发展水平评价[J]. 新疆农垦经济,2017(2):35—43.

[4]内蒙古自治区政府. 内蒙古自治区区域概况[EB/OL]. http://www. nmg. gov. cn/quq/qygk/,[2017—7—25].

[5]杨臣华. "一带一路"建设中的"内蒙古机遇"[EB/OL]. http://www. scio. gov. cn/ztk/wh/slxy/31215/Document/1439996/1439996. htm,[2017—7—25].

[6]青海省政府. 青海省总体概况[EB/OL]. http://www. qh. gov. cn/dmqh/system/2016/11/08/010239493. shtml,[2017—7—25].

[7]马秀. 格尔木:青海融入"一带一路"的一个重要切入点[N]. 青海日报,2017—7—6.

[8]甘肃省政府. 甘肃省地理地貌[EB/OL]. http://www. gansu. gov. cn/col/col2084/index. html,[2017—7—25].

[9]马燕燕. 供给侧改革巡礼:牦牛浑身是宝产品开发"吃干榨尽"[N]. 西海都市报,2017—4—16.

[10]王晓明. 新疆文化产业的资源优势与开发[J]. 当代经济,2013(11):86—87.

[11]甘肃省政府. 甘肃简介[EB/OL]. http://www. gansu. gov. cn/col/col19/index. html,[2017—7—25].

[12]四川省文化厅. 四川文化融入"一带一路"战略实施意见(2017—2020年)[EB/OL]. http://www. sc. gov. cn/10462/10771/10795/12400/2017/6/12/10425324. shtml,[2017—7—25].

[13]新疆日报. 【一带一路】新机遇新动力新空间让新疆发展再提速[EB/OL]. http://www. urumqi. gov. cn/sy/zwxx/318192. htm,[2017—7—25].

[14]任海通. 借力"一带一路"青海将扩大对外开放[N]. 人民日报,2015—6—16.

[15]马秀. "一带一路"让西宁商贸迎来大机遇[N]. 西宁晚报,2017—6—13.

[16]许娜. 我省与青岛市签署口岸跨区域战略合作框架协议[N]. 西海都市报,2017—7—26.

[17]沈丽莉. "一带一路"擘画甘肃发展新蓝图——我省积极参与"一带一路"建设纪实(上)[N]. 甘肃日报,2017—5—15.

[18]逯风暴. 新疆加快建设丝绸之路经济带核心区交通枢纽中心[N]. 新疆日报,2017—6—15.

[19]赵可金. 依托六大优势打造"丝绸之路"经济带甘肃黄金段[N]. 中国经济时报,2014—1—9.

[20]武琪. 资本布局"一带一路"[J]. 财经界,2015(25):28—29.

[21]余研良,谢成刚. "一带一路"战略中的经济空间新布局[J]. 全国商情,2015(20):24—25.

[22]赵新宇,白洋. 中蒙俄经济走廊建设内蒙古优势显著[EB/OL]. http://inews. nmgnews. com. cn/system/2016/09/29/012146619. shtml,[2017—7—25].

[23]国家发改委,外交部,商务部. 推动共建丝绸之路经济带和21世纪海上丝绸之路的愿景与行动[EB/OL]. http://zhs. mofcom. gov. cn/article/xxfb/201503/20150300926644. shtml,[2017—7—25].

[24]国家发改委. "一带一路"建设取得新进展迈上新台阶[EB/OL]. http://www. ndrc. gov. cn/gzdt/201708/t20170818_858080. html,[2017—7—25].

[25]吴飞飞,邱斌. 制度对贸易影响的研究综述——兼论"一带一路"实施中的制度红利[J]. 华东经济管理,2016,30(2):52—55.

第7章 "新丝路"背景下西部地区畜产品加工行业发展新思路

内蒙古、青海、甘肃以及四川省的阿坝州、凉山州和甘孜州等地的畜牧业发展迅速。然而,传统的畜牧业生产方式仍然在这些地区占有主导地位,导致西部地区畜牧业的发展一直难有突破。为了适应经济新常态发展的需要,以及畜牧产业本身的发展规律,突破传统生产方式和生产思路的束缚势在必行。通过对世界先进畜牧业地区畜牧产业发展的研究和对比,我国西部地区畜牧产业需要通过密集化发展,实现对养殖方式和市场运作方式的改进;同时,通过产业聚集的发展,达到畜牧产业现代化、产业化和专门化的目标,并且通过政府政策的引导,使区域平衡协调发展,从而实现区域内居民福利的提升。

产业集群是现代畜牧产业发展的主要趋势之一,产业集群的发展不仅有利于降低整个产业的生产、物流运输、创新等成本,也在一定程度上通过企业与企业间、企业与农户间的相互交流与合作,在发挥比较优势的过程中,更加容易构建完整的产业链,为畜牧产业在未来的生态标识食品的研发和生产创造一定的基础。同时,通过一定政策和措施的实施,提高区域内居民的社会经济福利。

广阔的生态食品消费市场的存在,是西部地区畜牧产业发展生态标识食品的外部有利条件和发展动力。西部地区拥有优越的自然生态环境、独特的文化底蕴,以及消费者对西部地区产品的认知等优势,在通过产业集群实现畜牧产业链的升级和集约化发展后,通过政府的政策支持以及"丝路基金"和"亚投行"等各种资金的支持,破解西部地区的资金困境。由于"丝路基金"在融资上相对于"亚投行"有更广阔的空间,因此,也能为包括民间资金和私募基金在内的各种资金更好地进入西部地区畜牧产业发展提供渠道。

7.1 密集化供应模式

畜牧业密集化发展是现代畜牧业发展的主要途径,也是在畜牧业区实现"精准扶贫"的主要方式之一。西部地区密集化供应模式发展的重点在于产业链发展的集约化和物流产业链的集约化升级,通过资本密集化或劳动密集化供应,升级西部地区畜牧业产业链,优化产业结构,最终在最大程度上实现社会经济效应。密集化供应模式发展的重心是西部地区畜牧业进行集约化养殖和集约化供应,通过引进企业生产制度、改进生产技术以及标准化饲养基地的建设等措施的实施,推进西部地区畜牧产业密集化供应模式的发展,有效解决由于生产规模小、生产效率低,以及生产分散带来的发展瓶颈。

7.1.1 集约化养殖

集约化养殖的核心思路是从过去一贯以"扩大养殖规模，扩大养殖牧场"为主转向以"提升自我内在建设"为主。所谓的"提升自我内在建设"即在资产质量、管理质量以及产品服务质量上采用现代化、科学化的生产管理系统。由于集约化养殖是一种"高投入、高产出、高效益"的养殖方式，意味着集约化养殖必须通过专业化和标准化养殖降低养殖成本[1]，最终达到提高产业竞争力和经济效益的目标。

集约化养殖生产模式因地区实际情况不同而有所差异，以内蒙古自治区锡林郭勒盟为例，主要存在"家庭牧场模式""养殖小区模式""托牛所模式"等[2]。由此可知，企业组织形式参与集约化养殖生产活动是不可或缺的。牧民也必须适应有企业组织形式参与的生产活动，转变原来作为畜牧业生产活动中单独生产、销售的观念，积极成为整个生产活动的生产单位。

根据王济民[3]、徐占晨[4]和张燕菊[5]等的研究成果和国外畜牧业集约化养殖经验，在深入市场经济改革以及供给侧改革的背景下，结合内蒙古、新疆和甘肃等西部地区社会经济发展的实际情况，我国西部地区畜牧业进行集约化养殖须做好以下工作。

（1）实行现代企业制度，采用先进生产技术。现代企业制度的核心是公司制度，从西部地区的实际情况，以及党中央在十七届三中全会上提出允许"土地入股"的政策背景下，西部地区在保持公有制为主体的前提下，适时鼓励和引导牧民以草场等生产资料作为股份，参与到股份制公有制和非公有制公司。同时，地方政府以政策和组建政府引导基金的方式，支持企业走新型工业化道路，采用先进的生产技术、管理经验和生产设备，争取让各个生产环节自动化、合理化，并通过养殖技术的升级和养殖产业结构的转型，推进现有养殖方式的转变。

（2）完善草原牧场基础保障，实施草地生态资源合理性置换。以草原生态环境承载量为基础，建立与市场规模相适应的现代化养殖基地。草场受到季节变迁以及全球变暖等诸多因素的影响，草原沙化和荒漠化已经成为部分地区县市实现社会经济可持续发展的最大阻碍。在保证畜牧业经济持续发展的前提下，通过资金、科技等投入，促进畜牧业由粗放型养殖转变为标准化、集约化养殖。

（3）推广绿色生态养殖，建立标准化养殖基地。绿色生态农业是现代农业发展的趋势，也是新生经济市场。改善和提升西部地区各牧场生态环境，保持生态平衡，利用自然界物质循环系统以及生态技术，实现养殖空间和区域内无公害养殖生产，并做好防疫工作，降低饲养成本，从而在西部地区形成良好的畜牧业生态循环经济。标准化养殖基地的建立不仅是实现西部地区畜牧业转向集约化发展的重要步骤，也是提升畜牧业产品质量的关键措施。规划畜牧业标准示范区，以"健康养殖"理念整合养殖区域内资源，捆绑项目，发挥项目资金整合优势。规范畜牧业用地，财政扶持和金融支持双管齐下，引导地区畜牧业标准化农场建设。

7.1.2 现代化加工

现代化加工模式是提升西部地区畜产品经济效益的主要途径。然而，畜产品现代化改造是一个综合性的系统工程，涉及加工的硬件设备、软件管理、科学技术等方方面面的问题。首先推行生产工艺科学化，运用现代科学技术揭示西部地区传统风味畜产品的加工技术，用西式畜产品的研究方法、观点、技术、材料和仪器来研究西部地区的传统畜牧产品，开展风味特性、理化特性、储藏稳定性的研究，实行产品配方科学化、产品加工标准化；其次是推进生产设备现代化，通过引进、消化和研制现代化的加工设备，对西部地区传统畜产品实行规模化、专业化、工业化生产；再次是推进生产管理规范化，在科学化的基础上，制定产品分类标准、产品卫生、质量标准、企业环保、卫生标准；同一产品从原料、添加物、加工过程、包装、储藏、产品销售等环节统一标准，制定工艺参数；规范加工工艺过程等。使其完全从传统的凭经济生产的过程中解放出来，为产品的工业化生产奠定良好的基础。在工业化生产中，实行 HACCP 管理和 GMP 规范是生产管理规范化的具体措施，保证产品的质量，促进企业的发展。最后是开展各种先进加工技术的引进、研制和应用，为优质安全高效畜产品加工保驾护航，提升畜产品的整体经济效益。

7.1.3　集约化供应

集约化供应也称为集约化物流，主要是在一定区域内，以物流企业为主体，通过利用现代信息技术、组织管理方式，整合现有同类型的生产组织形式和供应链，使之生产规模化和供应一体化，以符合现代化大组织生产，并高效率利用资源和规避资源的重复使用和浪费。其最大优点在于能够规避资源的重复使用和浪费。

西部地区畜牧产业的生产地远离市场和消费地。由于社会经济发展的不平衡，西部地区在基础设施建设上较为落后，特别是交通运输是西部地区畜牧产业发展的最大阻碍。结合现今的商业物流发展趋势，以及西部地区社会经济发展的现实条件，提出以下发展建议和对策。

（1）以现代信息技术建设为核心，实施社会化和专业化战略。现代信息技术已经成为社会经济发展的新"血液"。运用数据库、电子交换等现代信息技术，实现物流管理的信息化、自动化和网络化，做到供应链的内部控制网络化和实时控制。同时，"B2B"和"O2O"现代电子商务已经成为现代商业经济发展的重要组成部分。针对畜牧业产品具有产品周期短、生产地远离消费地等特点，西部地区畜牧业集约化供应可以与天猫、京东、苏宁等大型电子商务企业合作，利用电子商务企业成熟和完善的销售、配送资源，实现生产、运输、销售、配送的整合与优化，以此完善西部地区畜牧产品物流网络体系。

（2）建立区域供应链配送中心，增强集约化供应对能力。现代物流功能的集中点是区域配送链中心。区域配送链中心实质上就是在社会经济发展中形成的，能够保证和促进社会经济继续协调、健康发展的，具有多种物流功能的一种流通形式和业务体系[6]。通过合理的供应链规划，实现物流、商流、信息流的内在机理的结合，并在畜牧产品的储存和供应上采用科学合理化设计，以建立与生产地和消费地相配套的规模区域供应中心。如在地区中心城市，可以建立企业或集团级自营型配送中心；在一般性的区域中心城市，则可以建立单项区域服务中心；在社区等小地点中心，则可以建立以中介或者第三方配送中心[7]，从而解决"最后一公里"问题，提升畜牧产品的空间价值，在降低畜牧产品时间成本的同时也有利于增强集约化供应链的应对能力。

（3）整合上中下游物流供应优质资源，布局构建完整的垂直物流链。优质资源是整个物流供应链中最大的助推力，对优质资源的重组和优化配置，势必将发挥各物流部分的最大效应，同时也将对部分弱势资源进行强有力的淘汰与重建，最终达到整体优化，产业效益突出的目标。对物流产业链内部上中下各级结构进行垂直化建设，实现上级资源与下级资源有效协作，提高工作效率和减少不必要的浪费，从而实现物流产业链内部的集约化发展。

7.2　产业集群发展

产业集群发展是西部地区畜牧产业实现产业升级、产业结构优化的必经之路。在政策的引导下，利用西部地区在劳动力成本、政策扶持等方面的现有优势，以及上中下游企业的协调合作、区域间社会经济的交流，协调各类社会资源的分配，完成产业经济效益最大化的同时，也将实现核心区域与边缘区域平衡发展，最终提升区域内居民福利指数，达到区域内和谐发展的目标。

7.2.1　西部地区畜牧产业聚集的条件

畜牧产业聚集主要是指包括畜牧业养殖、畜牧产品加工以及产品流通在内的上中下游企业，在优化区域布局、专业化生产和产业化发展等规划方案下，在一定区域内形成畜牧产业及相关产业的高度聚集，从而发挥出比较优势和创造更大的规模效应。利用畜牧产业聚集，西部地区畜牧产业在已有的优势下，需要重点突出以下效应。

（1）聚集效应。通过对产业间的合作与协调，以及资金的投入和市场的开拓，支撑畜牧产业聚集效应的产生。同时，细分加工链，突出西部地区畜牧业产品绿色生态优势，为产业聚集发展创造更多的有利条件。

（2）竞争效应。产业聚集必须通过市场化运作，因而建立合理的市场动态竞争机制，有利于提高西部地区畜牧产业的竞争力和创新能力。在产业聚集的空间下，产业的趋同性和接近性显著，因此同类型技术创新和知识产权协作进程势必加快。不仅如此，通过竞争效应有助于市场的精确定位和市场的扩大，同时也将在一定程度上带动畜牧经济和相关产业的发展。

（3）辐射效应。发挥畜牧业集约化和标准化的带动和辐射作用，放大比较优势，实现产业聚集发展。利用上下游企业，减少搜索原料产品成本和交易费用。借助于生产链分工细化，在精分附加产品的同时，提高西部地区畜牧业生产效率。同时，通过辐射效应，串联西部各省区在资源、经济和产业建设上的有效合作，共同探索和协调区域内外的共同发展。

西部地区畜牧业发展产业聚集的优势明显，特别是青海和四川的阿坝州、凉山州等地。总的归纳起来如下。

（1）自然条件。自然条件是产业聚集的基础，特别是畜牧产业对自然条件的依赖性强于其他产业。根据 2016 年草原检测报告显示，内蒙古、新疆、西藏、青海、甘肃和四川六省区的草原面积约占全国草原总面积的 3/4[8]。虽然总体上，上述六省区的开发时间较晚，且部分地区开发力度弱于其他地区，但这些地区几乎位于干旱半干旱区，因而自然生态基础脆弱，并且这些地区均属于我国重要河流的上游地区，特别是青海和四川的阿坝州、凉山州和甘孜州属于黄河流域和长江流域重要的上游地区，因而自然保育显得与社会经济发展同等重要。在现代产业生产技术的影响下，上述自然条件对产业聚集的制约已经有所减弱。

（2）社会条件。对于西部地区而言，劳动力成本低、畜牧产业养殖传统、地方政府的相关优惠政策和先进的社会制度是其产业聚集发展的优势条件。但是，由于西部地区社会经济发展相对滞后，因此基础设施建设、生产设备和管理发展经验等相对落后，成为西部地区产业聚集发展的主要阻碍因素。因而，地方政府的相关优惠政策和先进的社会制度有利于形成公平的市场竞争，招商引资，以及扶持西部地区社会基础设施建设，能够弥补西部地区产业聚集发展的不足。基于本地区的实际情况，通过产业园区规划，以及产业结构、产业发展方向的确立，采取适当的政策和财政措施，以及严格执行国家法律法规以及地方相关法规监管制度，促进西部地区畜牧产业聚集发展。

（3）产业条件。产业聚集形成的条件具体包括较低的运输成本、产品存在技术上的可分性、产品在生产过程中所需能力的多样化、具有较长的价值链、市场需求的变动性和知识的隐含性[9]。第一，对于运输成本而言，西部地区虽然地理位置偏远，然而通过大规模的交通基础设施建设，如四川"都汶高速"和"汶马高速"的修建；加上农产品"绿色通道"等政策的实施，西部地区畜牧产业产品运输成本已经大幅降低。第二，在产品生产技术以及产品价值链方面，围绕着畜牧业生产，包括肉类加工、奶制品加工以及皮毛加工在内的多样性生产企业，以及针对同一产品不同层级的生产企业相互协作，共同发展。如奶制品加工，可以从较为初级的食品加工衍生到较为深层次的保健类产品加工。第三，在市场需求方面，产业聚集的发展在一定程度上可以起到放大作用，在追求经济效益最大化的同时又可以反哺畜牧产业的发展。

综上所述，畜牧产业聚集发展是西部地区提升畜牧产业层级，优化畜牧产业产品，提升西部地区畜牧区经济发展的必经之路，也是有目的地解决西部地区当前在深加工技术缺乏、产品附加值低和产品质量提升困难等问题。因此针对此形势提出以下发展建议。

（1）加强西部地区产业特色建设，系统规划特色产业聚集发展区域。通过较为深层次的对不同地区进行分析和研究，发现和突出各自特色；同时，积极引进各类人才，发展西部地区教育事业，通过中等职业学校、高等职业学校特色教育的发展，根据社会经济发展的需要，有针对性地培养各层级、各类别的专业人才。在此基础上，以合适的政策引导和规范的管理建立与各自特色发展相匹配的产业发展链。当然，产业聚集需在遵循市场经济基本规律下进行发展，政府可以通过适时地宏观调控弥补市场资源配置的缺点，从而从微观和宏观两方面创造出一个公平、良好的社会经济发展环境，共同促进西部地区畜牧产业聚集的快速发展。

（2）提高产业聚集规模化水平，提升产业聚集辐射作用。通过深入实地调研，在充分掌握地区实际情况的基础上，按照集约化发展要求建立适应各地区实际情况的产业聚集规模。整合各类资源，在最大程度上合理、科学地利用各类型资源，避免资源的浪费和重复使用。这不仅符合各地区社会经济发展的实际，也将促进各地区畜牧产业聚集的稳定发展。此外，支持与产业聚集发展相配套的基础设施建设，鼓励企业合作与创新，打破企业鼓励自我发展的状态，发挥技术创新和技术交流的辐射与扩散效应，并通过各地区在竞争中合作，在合作中竞争的方式，以龙头企业带动中小企业，形成良好的互动局面，充分发挥政府的服务职能，营造良好的合作竞争环境。

(3)促进产业聚集的可持续发展，以形成完整的产业链。通过加强现代信息服务网络建设、集约化共赢发展和创新体系建设，完善在畜牧产业聚集过程中信息交流、资源配置、产品生产与运输以及创新能力的发展。同时，通过各研究机构和高校的参与，进一步挖掘西部地区畜牧产业发展的潜能；展开知识技能培训和加强科研与产出之间的配合，为产业聚集的可持续发展提供坚实的科学基础。提升产业聚集核心竞争力，以现代信息网络为中心，以政府政策为引导，培育和发展各地区畜牧产业产品核心优势，延长产品加工链，细化市场定位，从而帮助西部地区畜牧产业形成一条完整的产业链。

7.2.2 产业集聚对区域居民福利的影响

社会经济建设与发展的目的在于提升全民福利，实现社会和谐发展。产业聚集发展给地区社会经济发展带来的第一个效益是就业岗位的增加。虽然有相关研究表明基尼系数等因素会在一定程度上对区域居民就业产生影响[10]，但是通过"土地入股"、公共事业产品的供给和提升公共服务水平等措施必然会对区域居民带来一定的社会经济福利。由于经济产业发展带有空间性特征，因此在发展过程中必然会产生核心区和边缘区，由此产生社会经济发展差异。位于产业聚集发展核心区的居民获得的各种社会福利或经济福利明显多于位于边缘区的居民。因而，地方政府应该通过财政转移或者税收手段，调整由地区经济发展不平衡带来的福利差异。具体来看，产业聚集的规模效应将会促进地方政府收入的明显增长，在地方财政充裕的情况下，通过地方公共财政支出的地区结构调整，可以平衡核心区和边缘区居民的福利，缓解由于地区社会经济发展不平衡而带来的各种问题，实现各地区社会经济的平衡发展。

同时，也需要指出，产业聚集发展会使核心区域因社会经济发展而带来一系列社会经济病症，如区域拥挤程度高、高犯罪率以及环境污染等。当出现逆城市化现象时，原来属于核心区域的部分福利又会流向边缘区域，但是必须注意的是，逆城市化只会在产业聚集发展到后期才会出现。而在出现之前，边缘区域由于在城乡二元制结构的制约下，核心区域会在社会经济层面产生巨大吸引力，从而限制边远地区社会经济的进一步发展。因此，在某种程度上，产业聚集发展会使边缘区域与核心区域之间的发展差距加大。

因此，在产业聚集发展的前提下，结合西部地区实际情况，在保证西部地区社会经济可持续发展，以及平衡社会经济发展的前提下，针对西部地区产业聚集发展与区域居民福利协调发展提出以下建议。

(1)培育区域经济增长极，协调区域内经济结构。区域经济增长极是带动区域社会经济发展的重要引擎，有效的、公平的产业聚集和市场经济，将有效地增强核心区域对边缘区域社会发展的拉动效应，促进区域社会经济协调发展。同时，由于区域社会经济发展之间的互补性，通过协调区域内部经济结构发展，将有效地缓解由于产业聚集程度过高而带来的一系列弊端，降低由于社会经济发展不平衡而带来的社会治理成本；也将提高区域的社会经济发展吸引力，稳定区域社会经济发展，实现社会经济的可持续发展，增强外围地的区域竞争力，从而争取全面有效地惠及区域内核心区域和边缘区域的居民福利。

(2)打破城乡"二元"制结构束缚，坚持城乡一体化发展。首先在政策制定上应该坚持"多区域一体化发展"思路，通过如财政支持等措施提升边缘区域社会经济发展潜力，实现区域平等发展。其次，放宽户籍管理，落实人才政策，打破社会资源过于集中分配的格局，促使核心区域与边缘区域平衡发展，提升居民幸福感。最后，完善基础设施。从根本上重视社会经济发展不平衡对区域居民福利的影响。同时，实现区域整体化发展，构建区域社会经济整体，整合由产业聚集发展带来的社会福利资源，加强区域间的社会经济交流。

(3)坚持以人为本，完善社会福利制度。我国社会福利制度是全民性福利，社会经济发展的出发点之一就是以人为本。国家、社会、家庭等多种力量广泛参与到社会福利事业中，多层次、多方式地满足居民社会福利需求。特别是在兼顾公平方面，建立与地区社会经济发展水平相适应的福利制度是区域和谐发展的前提。坚持健全社会福利制度，发展成果人人共享理念，以人文关怀为出发点，以产业聚集发展为契机，抓住时机，创新福利制度，满足产业聚集的核心区域与边缘区域居民对社会福利的需求。

7.3 生态标识食品发展方向

生态标识食品是现代畜牧产业主要的发展方向之一。在庞大的生态标识食品市场的巨大需求和消费者对生态标识食品认识加深的背景下，依托西部地区在自然生态环境、民族文化和畜牧产品原材料等方面的优势，结合各地区社会经济发展的现实条件，在良好的政策环境支撑下，西部地区畜牧产业发展生态标识食品的潜力巨大。

生态标识食品的发展，也要避免同质化，以层次化、差异化发展代替同质化发展模式，构建出多层次、全方位的市场产品。通过生态标识食品的发展，打造生态食品品牌，是解决当前西部地区畜牧业产品市场推广难、产品接受度低以及品牌效应不突出等问题的有力手段，这也能为整个西部地区创造出社会经济和自然生态效益的双赢局面。

7.3.1 生态标识食品发展的迫切性与可行性

生态食品并不等同于绿色食品或者有机食品，是指在考虑生态环境和可循环性的前提下，实现农产品无污染和纯天然加工生产的产品。它能满足消费者对优质、安全、富营养食品的消费需求。早在 20 世纪初，德国、日本和美国等国家已经建立"蓝天使""有机食品"和"自然食品"等生态标识食品。我国的生态标识食品起步较晚，截至2016 年，全球生态绿色市场产值已达 625 亿美元，我国绿色食品市场份额占比不到1/1000，由于生态绿色产品消费地如德国、法国等国家的消费量远远大于自产供求量，超过一半的生态绿色产品需要从新兴市场国家和发展中国家进口，而我国生态绿色食品出口量仅占 1‰[①]，说明我国生态绿色食品竞争力的提升空间较大且市场前景广阔。

　　同样，国内生态绿色产品市场在 2015 年已经突破 1000 亿元的规模。内蒙古、青海、西藏是畜牧产品主要的生产地。2016 年，内蒙古、青海、甘肃、四川、新疆和西藏六省区畜牧产业肉类产品总和为 526.27 万 t，牛奶产量为 995.35 万 t[②]（表 7-1）。这些数据表明，西部地区畜牧产业远远落后于消费市场的增长，同时也要看到，其中尚有一定数量的畜牧业产品并非是生态标识食品。党的十七大报告中关于农业的发展思路以及"中央一号文件"中所提出的重要战略就是发展生态绿色农业。因而在市场需求以及国家政策有力的支撑下，西部地区生态标识食品将成为现代畜牧业发展的主要方向，且发展潜力巨大。

表 7-1　2016 年西部六省区主要畜牧产品产量　　　　　单位：万 t

地区	全年肉类总产量	牛奶产量	禽蛋产量
内蒙古	258.90	734.10	58.00
青海	34.67	33.00	2.39
甘肃	7.88	8.78	0.01
西藏	28.63	36.17	0
新疆	134.70	156.08	36.13
四川	61.49	27.22	0.03

　　资料来源：内蒙古自治区、青海省、甘肃省甘南藏族自治州、甘肃省临夏回族自治州、西藏自治区、新疆维吾尔自治区、四川省甘孜藏族自治州、四川省阿坝藏族羌族自治州、四川省凉山彝族自治州《2016 年国民经济和社会发展统计公报》

　　西部地区发展生态标识食品，还可以推动畜牧产业地区农村经济的发展，是内蒙古、青海、甘肃等西部地区畜牧产业寻找新的经济增长点的需要。生态农业发展的生产成本主要集中在初期，在产业逐步生产和产生经济效益后，整个成本会随之逐步降低。据相关研究显示，生态农业的发展成本比传统农业的发展成本低 40%，但生态农业产品价格却比传统农业产品的价格高 20%～30%[11]。因而，生态标识产品的发展必然会为西部地区畜牧产业的发展带来一个崭新的机会。

7.3.2　消费者对生态标识食品的认知和西部地区的发展优势

　　生态标识食品进入消费市场已经多年，消费者对绿色生态食品的认识已脱离盲目信从的初级阶段，其消费需求和消费信念已经上升到追求安全有益的理性消费。这个趋势不仅不会限制生态标识食品的发展，反而会在一定程度上拓宽生态标识食品消费市场，并促进相关产业的转型与升级。现阶段，由于受到多种因素的影响，生态标识食品接受最多的人群为高学历人群，如何有针对性地把消费市场转换为普通大众消费市场成为当前西部地区畜牧产业发展的一个重要目标。市场的扩大，并不意味着简单的产业聚集或者提高生产技术就能满足市场消费的需求，还必须采用合乎生态环境循环发展，在创造

---

① 数据来源：智研咨询集团《十三五期间中国有机食品市场深度调研与发展前景分析报告》。

② 数据来源：内蒙古、青海、甘肃 2016 年统计年鉴。

经济效应的同时也产生一定生态自然效益的产业发展思路和产业生产技术。

生态标识食品从生产到消费，重点在于生态和安全，这也是当前畜牧产业乃至整个消费生产产业的发展趋势。宣亚楠和崔春晓[12]、陈默和尹世久[13]的调研表明，在受访的消费者中，食品安全和市场价格是影响消费者对生态标识食品或相关产品选择的主要因素，这也反映出食品安全对于生态标识食品发展的重要性。此外，产品信息、人均收入等也是较为突出的影响因素。而生态食品的生产对自然生态环境和生产技术有相当高的要求，良好的自然生态环境是发展生态标识食品的前提，同时在发展生态标识食品过程中需保护和维持当地良好的生态环境。因而，西部地区畜牧产业发展生态循环经济是最佳选择，通过对生产环节以及生产后所产生的生产废料的掌控，并进行生态处理，争取构建社会经济和生态效益的双赢局面。

就目前内蒙古、青海、甘肃、四川、新疆和西藏六省区畜牧产业生产地的生产条件来看，在生态环境、原材料等方面能够满足生态标识食品生产的需要。

（1）生态环境方面。内蒙古、青海、甘肃、四川、新疆和西藏六省区的畜牧产业生产地由于开发程度较底，无工业、空气、水资源、噪音和固体废弃物污染源。生态自然环境具有先天优势，各省份主要畜牧产业生产区草地覆盖率超过90%，青草饲料生产持续增长。同时，各省份积极开展各种草原治理工作，保护草原生态环境。如四川省将在阿坝州若尔盖县等畜牧产业生产区实行"草原奖补"政策，积极治理和维护草原生态环境，将适时建立国家草原生态公园，以及建立天然林、基本草原、湿地资源的总量管理制度。

（2）原材料与产品质量方面。由于西部地区天然的生态环境和传统优势，使其成为众多畜牧产品及其副产品重要的原材料提供地，特别是特产产品，如牛奶制品、禽蛋产品等。属于三大"黄金奶源带"的新疆、内蒙古两地，以及非三大"黄金奶源带"的四川，在提供市场原奶的比例上逐年上升。由于自然地理条件的优势，内蒙古、新疆、四川等地提供的畜牧产品均有较高的品质，易于被消费者接受。

7.3.3　生态标识食品发展建议

内蒙古、新疆、青海等西部省区发展生态标识食品仍存在诸如产业单一、生产模式落后和生产地远离消费地等制约因素。对此，结合实地调研数据，提出以下发展建议。

（1）实施区域品牌协同发展战略，打造和发挥优势品牌效应。区域品牌协同战略是指在本区域内依托生态优势资源和产业聚集优势，在培育产业优势品牌的同时，通过各种政策和优惠措施扶持区域龙头企业，加强与产业内部生产企业、运输企业、销售企业的协同合作与创新；深挖地域文化和品牌文化资源内涵，做到民族特色文化资源与企业特色文化资源的有机结合，进而赋予地域文化、企业文化和品牌文化更加丰富的内涵，并依靠产业集群的比较优势创造出一批品牌效应明显的企业群和产业链。各优势品牌之间在市场经济的运作下，通过合理、公平的市场竞争，互借优势，共同发展，从而产生品牌效应，放大品牌效应的辐射作用。

（2）积极开拓生态标识食品消费市场，拓宽国内外销售渠道。生态标识食品市场具体应分为国内市场和国际市场。在国内市场方面，根据一些专家学者的研究成果，生态标识食品的市场应该主要集中在大中型城市中经济条件较好和受教育程度较高的知识阶层。

通过前期完备的单项和综合性市场调查，对具体地区的市场需求和消费能力进行充分详尽地评估和预测，做到精细划分消费市场。同时，针对各地区实际情况，有目的性地开发低一级的消费市场，真正意义上把畜牧产业生态标识食品推广到普通消费市场，争取覆盖各层级、各类型消费市场。在国际市场方面，在"一带一路"倡议所建立的广阔平台上，积极实施"走出去"发展战略，积极提高企业自身经营水平，夯实基础，打造过硬的产品质量生产体系。注重产品开发，赋予产品更高的附加值，从而赢得国际市场。但也要避免"投入快、见效快"、忽视国际产品认证等误区。同时，也要坚持"引进来"，在积极开拓国际市场的过程中，学习和借鉴先进的生产经验与管理技术。加快与西部地区畜牧产业生产的实际情况相结合，既要"引进来"，也要"留得住"。所谓"留得住"就是要依靠西部地区的"硬环境"和"软环境"。"硬环境"是指政务环境、法制环境和生态环境；"软环境"是指人文环境、服务环境和技术环境。争取让"引进来"的生产技术和管理经验落地生根，最终促使西部地区畜牧产业生态标识食品的发展与升级。

(3)做好生产基地规划，建设生态标识食品加工链。由于对生态标识食品生产质量的要求高于传统农业产品，因此做好生产规划十分重要。首先，在规划生态标识食品生产基地时应首选污染少、生态环境质量优越、牛羊品种好的生产地。同时，为了实现最大社会经济效应，交通条件优越和基础设施较为完善的地区应该作为重点考虑。其次，选择易开发、易加工的畜牧产业相关产品和副产品，通过深层次开发、系列产品开发等模式，在提高产品价值的同时，能够有效地利用原材料，避免不必要的浪费，增强产业链的有机融合发展，产生社会经济与生态环境的综合效应。

7.4 "丝路基金"和"亚投行"金融支持机会

金融业是现代社会经济发展的核心，地区的发展、产业的升级与转型都离不开资金的支持。特别是西部地区，长期以来虽然有国家政策作为资金来源的支撑，但西部地区的发展相对于其他地区长期处于较缓慢的状态，加上地理位置等因素，使得资金短缺成为西部地区社会经济发展的主要障碍之一。2015 年，在国家明确提出"一带一路"倡议后，西部地区的发展获得了绝佳的历史机遇。在"一带一路"倡议实施的大背景下，"丝路基金"和"亚投行"成为广阔的资金平台，也是支持西部地区社会经济发展的重要资金来源。这对于解决当前西部地区畜牧产业发展中，如产业链优化与升级、生产技术落后、基础设施建设不完善等问题具有不可替代的作用。

"丝路基金"的开放性等特征也为民间资本、国外资本参与到"一带一路"的建设中提供了多元化渠道。西部地区中如新疆、甘肃以及四川省的阿坝州、甘孜州等地区由于处于较为优越的地理位置，将获得巨大的资金支持，以弥补前期因发展不平衡带来的各种制约因素，特别是基础设施建设。其他如青海、西藏、内蒙古等西部地区将在"一带一路"的带动下，"丝路基金"和"亚投行"的支持下，也将获得难得的发展契机。

7.4.1 "丝路基金"和"亚投行"资金比较

"一带一路"是中国在新时期，立足于世界局势和我国实际情况提出的伟大倡议。

"一带一路"连通亚洲大陆东部和欧洲大陆西部,为沿线各地区带来了"走出去"和"引进来"的发展机遇。在"一带一路"的带动下,"丝路基金"和"亚投行"成为重要的资金平台。配合国家"一带一路"倡议,"丝路基金"和"亚投行"的使命更加集中于基础设施建设,而"丝路基金"的焦点不止于此,还包括产业合作等在内的产业融资;同时,"丝路基金"的资金来源不仅可以是政府投资,也允许民间资本的进入。总结起来,"丝路基金"和"亚投行"有以下区别。

(1)性质不同。"丝路基金"和"亚投行"一个是基金,一个是银行,前者是股权投资性质,后者是债券投资性质。这就意味着,"丝路基金"拥有更加灵活和自由的融资方式和渠道,相关投资者也能获取到比"亚投行"更多的利益。

(2)领域不同。"丝路基金"不限于亚洲,地缘概念更广,而"亚投行"至少在短期立足于亚洲。

(3)投向不同。"亚投行"的投资重点为基础设施建设,而"丝路基金"不仅包括基础设施建设,还包括产业发展、民生发展和地区发展等有关于社会经济发展的领域。

(4)资金来源不同。"亚投行"主要以政府资金来源为主,"丝路基金"除了国有资本,还可以吸收民间资本、国际资本等多种类型的资本,以符合市场经济发展的融资方式进行多元化渠道融资。

7.4.2 "丝路基金"和"亚投行"资金提供的机遇

甘肃和新疆有其他西部省份所没有的"通道"优势。新疆作为西北地区与中亚地区重要的连接点,不仅是"一带一路"中国站的桥头堡,更是"丝绸之路经济核心区域"。而甘肃省拥有"走廊"优势,处于"丝绸之路"建设的黄金带,也是"一带一路"建设的重要沿线地区和中继站。而与之相关的内蒙古、青海、西藏和四川等地通过"一带一路"社会经济和地域发展的辐射作用,也将获得前所未有的发展契机。通过"丝路基金"和"亚投行"的资金助推,包括内蒙古、青海、西藏在内的西部地区过去缺乏建设资金的局面将大幅改善,基础设施建设的短板也将有望在短期内予以补齐。具体来看,西部地区在"一带一路"倡议的带动下,以及"丝路基金"和"亚投行"资金的支持下,将获得以下发展机遇。

(1)助推基础设施建设的完善与升级,补齐基础设施建设上存在的短板。西部地区的社会经济发展一直受到资金规模的限制,基础设施建设短板现象突出。随着"丝路基金"和"亚投行"资金的到位,基础设施建设的开展,这种现象将不复存在。而通过"丝路基金"和"亚投行"等平台带来的资金将成为新疆、四川和甘肃等西部地区社会经济发展的助推器。

(2)利于进一步优化产业结构,完成产业配置与升级。"一带一路"发展的范围不是着眼于局部地区,而是要建立跨地区综合性贸易经济区。因此,在"一带一路"倡议的带动下,随着各个地区市场逐步进入和"丝路基金"以及"亚投行"的资金投入,对西部地区的畜牧产业而言,既是机遇也是挑战。机遇在于为西部地区畜牧产业的发展提供了更加广阔的国际市场,自然会带动产业规模和产业结构的发展。挑战在于面临更加激烈的市场竞争时,西部地区畜牧产业在生产技术、生产规模和品牌建设等方面不足以应对当前的市场竞争。

(3)西部地区畜牧产业经济资源再整合机遇。西部地区拥有丰富的自然资源，在繁育和品种上更是拥有独特的畜牧业资源，特别是西部地区高精尖的畜牧产业科研技术成果（如青海地区高原特色畜牧业），河西走廊优质饲草的草产业、中亚地区丰富的畜种来源和活畜供给，以及中亚和西亚地区强劲的市场需求[14]，在充足资金的支持下，有效地进行资源整合，发挥比较优势和特色优势，为以优势资源和特色资源为依托，建立跨区域产业提供了机会。

7.4.3 西部地区畜牧加工行业发展建议

对于西部地区如何掌握由"丝路基金"和"亚投行"带来的巨大的资金支持，补齐短板，带动社会经济全面发展，实现畜牧产业的转型与升级，以及畜牧产业生产链、销售链的建成与优化，提出以下建议。

(1)运用"丝路基金"融资平台优势，支持民间及国外资本进入。"丝路基金"在协同发展、开放式发展和动态发展的理念下，发挥大型金融企业和机构的主力作用和引领作用，并适时创造多种机会和多元化融资渠道，吸引民间资本等各种资本进入，推动投资多元化发展。这不仅能起到保值和升值作用，还能在一定程度上与各类资本协同发展，共同发挥建设资金对社会经济发展的推动作用。同时，在整个基金建设和融资过程中，应充分发挥政府指导作用，支持西部地区以土地流转等多种方式融入"丝路基金"资金平台，有目的地创造发展条件。

(2)抓住"亚投行"和"丝路基金"资金流机遇，合理进行基础设施建设。通过"亚投行"和"丝路基金"为沿线地区带来的资金支持，在配合完善"一带一路"沿线主要基础设施建设的同时，结合本区域畜牧产业发展的实际情况，合理科学地规划本区域的基础设施建设，争取改善和弥补由于基础设施建设短板而制约区域经济发展的情况，增强与扩大区域经济发展优势，融合"一带一路"经济建设带[15]，发挥各地区自我优势，提高区域经济的整体性与可持续。如支持"中欧铁路"等国际铁路沿线支线铁路的建设以及国际航空港的建设和国际公路的建设，发挥交通的带动效应，积极开展对外贸易，缩短生产地与消费市场的距离。

(3)设立畜牧业政府引导基金，促进畜牧业与资本融合发展。通过政府财政投入，设立包括支持西部地区畜牧业起步阶段和发展阶段在内的畜牧业政府引导基金，实行差别激励引导政策，突出精准调控和定向调节。同时，坚持市场化运作，吸引私募股权投资的加入，确保政府引导资金保值升值，以及市场对生产资源的配置和调控作用，从而形成符合现代市场发展与西部地区实际发展情况相结合的良性融资平台运作模式，正确地引领金融市场参与到规模化生产和集约化养殖生产中，支持畜牧产业发展。

由于世界经济运行的大环境和其他各种因素的影响，在利用"丝路基金"和"亚投行"推进畜牧产业现代化发展过程中，需要做到风险可预、风险可控。首先支持发展潜力大、经济效益好、能为社会发展和人民谋福利的企业优先发展，有目的地淘汰部分经济效益差、生态技术落后的企业，为产业聚集和生态标识食品发展创造空间和有利条件。其次，针对部分弱势企业或产业，可以有针对性地出台相关政策，适时地创造有利条件，如优先办理、优先贷款、低息贷款等辅助措施，帮助其恢复生产，争取让其加入到产业升级和"一带一路"的快车道上，从而更好地创造社会经济效益。此外，还应完善相关法律法规，保证金融市场的有序性和规范性，融资渠道的有效性和多元化。当前处于"一带一路"历史发展的绝佳时期，在产业升级和市场发展的双重带动下，金融市场的活跃在所难免。因此，通过建立各类资金准入与退出机制，降低融资和投资过程中可能出现的各类风险，同时建立和完善监管机制，完善融资渠道相关配套措施，最终实现西部地区畜牧产业与社会经济的可持续发展。

参考文献

[1]胡海涛. 集约化畜牧业可使养殖的利益最大化[J]. 黑龙江科技信息，2007 (6)：101.

[2]丛德. 集约化草原畜牧业发展模式研究——以锡林郭勒盟集约化草原畜牧业发展为例[D]. 呼和浩特：内蒙古大学，2013.

[3]王济民. 国外畜牧业发展模式及我国畜牧业发展形势与对策[J]. 河南畜牧兽医（市场版），2015，36(12)：4－10.

[4]徐占晨. 集约化草原畜牧业的发展与生态保护[J]. 兽医导刊，2015(22)：27.

[5]张燕菊. 关于畜牧养殖中环境保护问题的探讨[J]. 当代畜牧，2015(3Z)：27－28.

[6]周梅华. 论集约化经济和区域配送[J]. 山东工商学院学报，1999(3)：42－44.

[7]周梅华，王华民. 论经济增长方式转变中中心城市的区域配送[J]. 中国矿业大学学报（社会科学版），2000(3)：74－78.

[8]刘源. 2016年全国草原监测报告[J]. 中国畜牧业，2017(8)：18－35.

[9]梁黎. 民族地区特色产业集聚的形成机理研究[D]. 桂林：桂林理工大学，2012.

[10]张珮雯. 浅议中国的产业集聚与居民福利[J]. 经营管理者，2010(11)：52.

[11]宾冬梅，易诚. 生态食品开发的新思路[J]. 湖南生态科学学报，2001(4)：46－49.

[12]宣亚南，崔春晓. 消费者陈述偏好与实际购买行为差异探析——以对生态标识食品的需求为例[J]. 南京农业大学学报（社会科学版），2004，4(3)：24－28.

[13]陈默，尹世久. 消费者对生态标识食品的多层面认知行为：基于MVP模型的实证分析[J]. 经济经纬，2015(2)：31－36.

[14]姜安印，刘博. "一带一路"背景下西北地区畜牧产业扶贫战略研究[J]. 贵州师范大学学报（社会科学版），2016(5)：82－90.

[15]高铭泽. 亚投行成立对我国西部经济发展的影响分析[J]. 知识经济，2016(1)：70.